# 생활 한자와 교양 한문

# 생활 한자와 교양 한문

이화여자대학교 생활 한자와 교양 한문 편찬위원회 엮음

이화여자대학교출판문화원

# 머리말

한자와 한문으로써 한국인의 삶과 지혜를 기록해온 세월이 2천 년을 향해간다. 유입 초기부터 한글로 일원화한 오늘날까지 한자와 한문이 축적해온 단층은 한국사의 깊이와 정비례할 만큼 풍부하다. 19세기까지의 한국 기록문화 유산에서 한문으로 적힌 문헌은 9할을 훌쩍 넘는다. 양적으로 압도적이기만 한 것이 아니라 질적으로도 찬란한 광채가 빛난다. 사상과 역사, 문학과 예술의 정화(精華)가 거대한 산맥과 물길을 이루었으며 한국 문화라는 큰 바다를 이룩해내는 주역이 됐다.

지난 1세기의 역사적 전환 과정에서 한문(漢文)은 역사적 소명을 마치고 시대의 복판에서 떠나갔다. 살아 있는 언어로서의 역할을 마감한 셈이지만, 그러나 그 이후로도 한자어(漢字語)는 우리 어문 생활을 떠받치고 있는 원천이자 줄기가 되어왔고, 문자로서의 한자(漢字) 또한 우리 곁에서 한국어의 숨결을 이루는 맥박과 동맥으로서 존재했다. 한자와 한문은 여전히 뿌리 깊은 언어의 나무이다.

대학과 사회가 시대의 변화에 발맞추어 언어 교육을 조율해오다 보니 한자와 한문에 대한 교육도 예와 이제, 그리고 나아갈 길이 응당 다르다. 부피와 질량의 진폭은 피할 수 없는 추세이다. 그러나 어제로부터 이어온 길은 내일로 향하기 마련이고 미래에 대한 감각과 운동 역시 어제의 발자취로부터 전진한다. 『생활 한자와 교양 한문』 교재를 개정하면서 우리는 언어생활의 실질적 차원에서 발생하는 요구를 수용하고자 했으며, 우리의 과거가 품었던 지성(知性)의 유산으로 안내하고자 했다.

이전 교재의 시각과 편성 방식에 기초하여 개정판도 세 갈래의 주요 학습 범주를 정했다.

첫째, 한자와 한문에 대한 기초적 이해를 증진시키고자 했다. 제1편에 수록된 한자의 기초와 한문의 기초는 낱글자로서의 한자와 문장으로서의 한문을 학습하도록 배려했다. 대문을 열고 마당에 들어서도록 하였으니 입문(入門)의 영역이요 초심자(初心者)가 지나야 할 통로이다.

둘째, 일상 언어생활에서 실질적으로 도움을 받을 수 있도록 학습 내용을 안배했다. 제2편에 수록한 일상생활 속의 한자어, 대학생활 속의 한자어, 이야기 속의 한자어는 해당 한자어의 정확한 개념과 사용법을 익힐 수 있도록 했다. 대학생의 공부에 중심을 두어 대학의 학술 어휘와 고전(古典)에 뿌리를 둔 지문을 보완했다. 한자어가 활용되는 현장에 해당하니 대청으로 오르는 계단에 비유될 것이다.

셋째, 한시(漢詩)와 한문(漢文) 명작을 통하여 한자문화권이 성취한 정신적 경지를 대면하도록 했다. 그리하여 제3편은 제1장에서 학문의 도와 앎의 자세에 닿아 있는 작품을, 제2장에서 사람 이야기와 사는 이야기가 담겨 있는 작품을, 제3장에서 자연과 어울린 서정과 흥취의 문학적 결실을, 제4장에서 역사와 시대를 다시 생각하게 하는 명문을 선발했다. 수록 작품 낱낱이 지성과 감성의 정수(精髓)를 품고 있으니 제3편은 저택의 안방과 보물을 모셔둔 벽장에 대응될 것이다.

부록에는 학습의 효과를 높일 수 있는 몇 가지를 덧붙였다. 음은 같으나 뜻이 다른 한자어, 잘못 읽기 쉬운 한자어, 급수별 한자를 모아둔 까닭은 한자 지식에 대한 사회적 수요를 고려한 때문이다. 부록에 수록된 내용은 옛날의 소학(小學)에 해당한다. 하지만 학문이란 소학의 부지런함과 정확함이 없이는 첫걸음을 내딛을 수 없는 법이다.

　김삼의당(金三宜堂)이 "쌓은 것이 두터워지면 반드시 밖으로 드러난다(積重必形外)"고 권면한 말은 항상 옳다. 낙엽 한 잎이 날리면 벌써 가을이 온 셈이니 지난봄과 여름을 어찌 살았는지 되돌아보지 않을 수 없다. 금강산 일만 이천 봉우리 중에서도 제일 높은 봉우리가 가장 먼저 햇살을 맞는다고 했다. 스스로를 아끼는 사람은 스스로의 시간을 정진(精進)시킨다. 이 교재가 소학으로부터 대학으로, 대학으로부터 각자의 절정을 향해가는 데 벗과 스승이 되어주기를 소망한다.

2013년 8월
이화여자대학교 생활 한자와 교양 한문 편찬위원회

차례

머리말 5

## 제1편 한자·한문의 기초 12

### 제1장 한자의 기초 15

1. 한자의 이해 16
2. 부수의 이해 26
3. 한자어의 이해 38

### 제2장 한문의 기초 43

1. 한문의 품사와 문법 44
2. 한문의 구조 48
3. 한문의 문형 51

## 제2편 생활 한자어와 학술 한자어 56

### 제1장 일상생활 속의 한자어 59

1. 나이와 간지 60
2. 24절기 62
3. 친족과 호칭 64
4. 풍속과 의례 66

### 제2장 대학생활 속의 한자어 69

1. 대학과 수업 70
2. 문학과 역사 71
3. 정치와 법률 72
4. 시장과 경제 73
5. 과학과 기술 74
6. 보건과 의료 75
7. 생명과 환경 76
8. 예술과 체육 77

### 제3장 이야기 속의 한자어 79

1. 지혜가 담긴 고사성어 80
2. 유래가 숨 쉬는 한자어 92
3. 고전에 스며 있는 한자어 100

## 제3편 고전의 이해와 감상 106

### 제1장 학문의 도, 선비의 자세 109

〈擊蒙要訣序〉李珥 110
〈君子與小人〉孔子 111
〈送僧之楓嶽〉成石璘 113
〈送申文初遊金剛山序〉李用休 114
〈無題〉金三宜堂 115
〈送金性原宰江東縣序〉洪吉周 116
〈偶成〉朱熹 117
〈看書痴傳〉李德懋 118
〈伽倻山讀書堂〉崔致遠 120
〈師說〉韓愈 121
〈器物銘〉2篇 丁若鏞·兪莘煥 124
〈愛蓮說〉周敦頤 125

## 제2장 사람 이야기, 사는 이야기 127

〈養親與養兒〉 128
〈寄家書〉 李安訥 129
〈揠苗助長〉 孟子 130
〈七步詩〉 曹植 131
〈性惡說〉 荀子 132
〈撲棗謠〉 李達 133
〈延烏郎 細烏女〉 一然 134
〈征婦怨〉 鄭夢周 136
〈溫達傳〉 金富軾 137
〈飛鳶童子〉 柳得恭 140
〈捕蛇者說〉 柳宗元 141
〈伯姉贈貞夫人朴氏墓誌銘〉 朴趾源 144
〈悼孫女〉 南氏夫人 146

## 제3장 자연, 서정과 흥취의 세계 147

〈春夜宴桃李園序〉 李白 148
〈石竹花〉 鄭襲明 149
〈歸田園居〉 陶潛 150
〈前赤壁賦〉 蘇軾 152
〈瀟湘夜雨〉 李仁老 155
〈遊三角山記〉 李廷龜 156
〈示子芳〉 林億齡 158
〈西池賞荷記〉 李胤永 159
〈早秋〉 李書九 163
〈湖東西洛記〉 金錦園 164
〈重興遊記〉 李鈺 166

## 제4장 역사와 시대를 생각하며 169

〈訓民正音序〉鄭麟趾　170
〈岳陽樓記〉范仲淹　172
〈浮碧樓〉李穡　174
〈舟賂說〉李奎報　175
〈石豪吏〉杜甫　176
〈豪民論〉許筠　178
〈哀絶陽〉丁若鏞　181
〈偸猫〉李瀷　183
〈宮柳詩〉權韠　184
〈項羽〉司馬遷　186
〈絶命詩〉黃玹　190

## 부록

1. 음은 같으나 뜻이 다른 한자어　192
2. 잘못 읽기 쉬운 한자어　207
3. 급수별 한자　210

제1편

# 한자·한문의 기초

제1장 **한자의 기초**

제2장 **한문의 기초**

제1장
—
한자의 기초

# 1. 한자의 이해

## 1) 한자의 요소와 특징

### (1) 한자의 삼요소

한자는 형태[形]·소리[音]·뜻[意] 이 세 가지를 기본 요소로 한다. 예를 들어 '人'이라고 하는 글자는 '人'이라고 하는 字形, '인'이라고 하는 音, 그리고 '사람'이라고 하는 뜻, 세 가지 요소가 결합되어 이루어진다. 타 문자와 변별되는 한자의 특징은 다음과 같다.

### (2) 한자의 특징

① 한자는 表意文字이다

현재 인류가 사용하고 있는 문자는 表音文字와 表意文字로 나누어볼 수 있다. 표음문자란 음을 표시하는 문자, 표의문자는 뜻을 표시하는 문자를 말한다. 알파벳이나 한글, 일본의 가나 등이 표음문자에 속한다면 고대 이집트 문자나 한자는 표의문자에 속한다.

② 한자는 孤立語이다

한자는 영어와 달리 인칭과 수, 시제에 따라 변화를 일으키지 않고 우리말처럼 동사의 활용에 의해 글자 자체의 형태가 변하지도 않는다. 문장 속에서 문맥에 따라 문법적 기능이 변할 뿐이다. 예를 들어 '나'라는 뜻의 '我'는 그 자체의 형태 변화를 일으키지 않으면서 문장 속에서 '나는(주어)', '나를(목적어)', '나의(관형어)' 등으로 다양하게 활용된다. '가다' 라는 뜻의 '往'도 사용되는 문맥에 따라 '간다(현재형)', '갔다(과거형)', '갈 것이다(미래형)' 등 다양한 시제로 읽힐 수 있다.

### ③ 한자는 單音節語이다

한자는 각각의 글자가 1음절로 이루어져 있다. 예를 들어 '나누다'는 뜻을 표현할 때 다음절어인 영어는 'di-vide'이라고 하여 2음절이 되지만 한자의 경우 '分'이라고 하는 단음절어로 이루어진다.

## 2) 한자의 기원과 변천

### (1) 한자의 기원

한자의 기원에 대해 밝혀줄 정확한 기록은 찾을 수 없다. 伏羲가 八卦를 그어 만들었다는 설, 黃河에서 그림이 나오고 洛水에서 글이 나와 만들었다고 하는 설, 끈이나 새끼로 매듭을 지어 사실을 기록하던 것이 한자로 발전했다는 설, 黃帝 때의 史官이었던 蒼頡이 짐승의 발자국을 보고 만들었다는 설 등이 여러 문헌에 단편적으로 전해 내려오고는 있지만 신빙성 있는 근거를 찾기는 곤란한 상황이다. 다만 許愼의 『說文解字』를 비롯하여 『荀子』·『韓非子』·『呂氏春秋』·『淮南子』 등에서 창힐의 造字說을 언급하고 있어 이 설이 비교적 널리 받아들여지고 있다. 그러나 한자와 같은 방대한 문자 체계가 일정 시기, 한 사람에 의해 만들어졌다고 보기는 어렵다. 문자는 사회적 요구에 의해 생겨난 산물이며 오랜 세월에 걸쳐 일정한 변천의 과정을 거치면서 발전해왔다고 봐야 한다.

(2) 한자의 변천

한자의 발달 과정은 고대 유적지에서 발굴되는 고고학적 자료와 문헌 자료들을 종합하여 추정할 수밖에 없다. 현재까지 밝혀진 자료를 통해 그 대략의 변천 과정을 살펴보면 다음과 같다.

陶器 記號[陶文]

1954년부터 1957년 사이에 이루어진 仰韶 문화 유적지의 도기와 도기 파편에서 특기할 만한 기호들이 발견된 이후 山東省과 河南省·河北省 등의 지역에서도 비슷한 기호들이 발견됐다. 고문자 학자들은 이들이 원시적 형태의 한자, 또는 한자의 전신일 가능성을 제기하고 있다. 그러나 이들은 일정한 규칙이나 일관된 형태를 가지고 있지 않고 무엇보다도 한자와의 관련 정도가 극히 미약하여 원시적 형태의 한자로 단정 짓기에는 근거가 부족한 상태이다.

甲骨文

현재까지 발견된 문자 가운데 最古의 한자 형태로 공인받고 있는 것은 중국 河南省 殷나라 유적지에서 발견된 갑골문이다. 은나라에서는 신과의 소통 방식으로서 거북의 껍데기[龜甲]나 짐승의 뼈[獸骨] 등에 조그만 홈을 판 후 그 자리를 불로 지져 금이 간 모양을 보고 吉凶을 판단하는 풍속이 있었는데, 점을 친 다음 그 내용을 문자화하여 새겨놓은 것이다. 象形的 요소가 강하고 딱딱한 재료에 칼로 새겼기 때문에 획은 가늘고 긴 특징을 보인다.

## 金文

은나라 말기부터 西周를 거쳐 春秋戰國時代까지 사용되었던 문자이다. 종·솥·무기 등 주로 청동기에 새겨 넣었다고 하여 金文이라 불린다. 여전히 상형적 요소가 농후하지만 기물을 주조하면서 사전에 글자 모양을 가공할 수 있었기 때문에 글자 모양은 갑골문에 비해서 굵고 부드러운 특징을 보인다.

## 篆書

전서는 엄밀하게는 小篆과 大篆으로 구분된다. 대전은 춘추전국시대 때 제후 국가였던 秦나라에서 독자적으로 만들어 사용하였던 글자이고 소전은 진시황이 제국을 건설한 다음, 여러 나라에서 다른 글자를 사용하였던 혼란을 극복하기 위해 만든 표준 자체이다. 보통 전서라고 하면 소전을 가리킨다. 이 단계에 오면 상형적 요소가 많이 제거되고 符號性이 점차 두드러지게 된다.

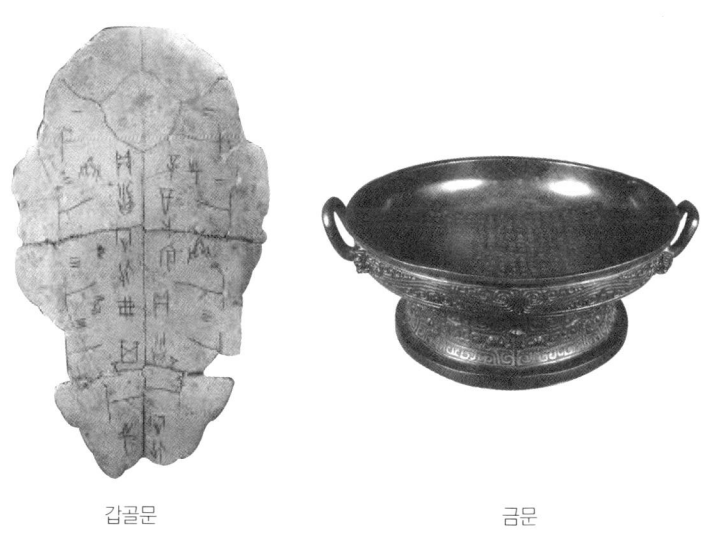

갑골문        금문

### 隸書

예서는 본래 秦代의 刑吏들이 행정 사무를 효율적으로 처리하도록 하기 위해서 만든 서체이다. 가급적 빨리 쓸 수 있도록 소전의 필획을 줄이고 구불구불하던 획들을 곧고 네모지게 다듬었다. 漢나라에 와서 이를 더욱 간략화하여 쓰기 편한 서체로 발전시키게 되는데 이 단계에 이르면 상형적 요소가 거의 사라질 뿐 아니라 필획 또한 간단해지고 직선적으로 변하면서 네모꼴의 글자 틀을 갖추게 된다. 소전에서 예서로의 변화가 가장 획기적이라고 하여 이 변천 단계를 특별히 '隸變'이라고 부른다.

예서 이전의 고문자가 字體의 通時的 변천을 보여준다면 예서 이후에 나타난 해서·행서·초서는 비슷한 시기에 나타난 것으로 書體의 共時的 변화를 보여준다.

### 楷書

'楷'라는 글자의 뜻은 규범·모범·본보기라는 의미를 포함한다. 한대의 공식 서체인 예서를 한층 단순화시키고 직선화시킨 것으로 後漢 말기부터 나타나기 시작하여 현재까지 표준 서체로 통용되고 있다.

### 草書

역시 한대에 형성된 서체로 더욱 필획을 단순화하고 흘려 쓰는 특징을 갖고 있다. 신속한 필기 방식으로 나타났지만 지나치게 간략화함으로써 판독이 어려워 실용적 가치보다는 주로 예술적 서체로서 의의를 지니게 됐다.

### 行書

해서와 초서의 장점을 결합하여 만든 서체로, 해서를 흘려 쓴 형태이다. 필획이 연결되어 있어 쓰기에 편하면서도 초서처럼 알아보기 힘들지 않아 書信 등 일상적 필기에 주로 사용되어왔다.

### 簡字體

현재 중화인민공화국에서 공식적으로 사용하고 있는 한자의 자체이다. 쉽게 익혀 문맹률을 낮추도록 하기 위해 고안된 것으로 기존의 한자에서 필획을 줄이거나 편방의 일부를 생략하는 방법, 同音異體字와 초서를 활용하는 방법 등을 통해 만들어졌다.

| 甲骨文 | 金文 | 小篆 | 隸書 | 楷書 | 行書 | 草書 |
|---|---|---|---|---|---|---|
| (正) | (正) | (正) | 正 | 正 | 正 | (正) |
| (相) | (相) | (相) | 相 | 相 | 相 | (相) |

표 1. 한자의 역사적 서체 변환

| | | | | | | | |
|---|---|---|---|---|---|---|---|
| 車→车 | 鳥→鸟 | 無→无 | 學→学 | 龍→龙 | 備→备 | 國→国 | 過→过 |
| 藝→艺 | 術→术 | 愛→爱 | 動→动 | 顏→颜 | 戲→戏 | 關→关 | 樂→乐 |
| 難→难 | 價→价 | 馬→马 | 東→东 | 覺→觉 | 監→监 | 獄→狱 | 腦→脑 |
| 電→电 | 點→点 | 風→风 | 當→当 | 區→区 | 師→师 | 勞→劳 | 傘→伞 |
| 書→书 | 場→场 | 飛→飞 | 論→论 | 寶→宝 | 機→机 | 產→产 | 務→务 |

표 2. 주요 간체자 일람표

## 3) 한자의 구성 원리

한대의 經傳學子이자 文字學子였던 許愼은 최초의 자전인『說文解字』를 엮으면서 한자를 이루는 원리로 여섯 가지(象形·指事·會意·形聲·轉注·假借)를 제시했다. 이들을 '六書'라고 한다. 이중 상형·지사·회의·형성은 문자 제작 단계에서 활용되는 원리이고, 전주와 가차는 제작된 문자를 운용하는 단계에서 적용되는 원리이다.

### (1) 象形

육서 가운데 가장 원초적인 형태로 실제 사물을 본떠서 글자를 만드는 원리이다. 고대인들의 일상에서 기초적이면서 중요한 의미를 갖는 것들이 상형문자로 만들어졌다. 해[日]와 달[月]·산[山]과 냇물[川]·나무[木]와 같은 자연, 소[牛]·말[馬]·새[鳥]·물고기[魚] 등의 동물, 농사 또는 사냥과 관련 있는 활[弓]·칼[刀]·도끼[斤]와 같은 도구, 여자[女]·엄마[母]와 같은 가까운 가족들, 육체 가운데 겉에 드러나는 손[手]·발[足] 같은 것 등이다.

### (2) 指事

사람들의 인지가 발달하면서 구체적이고 가시적인 것만으로는 의사를 충분히 소통하지 못하게 되자 그 다음 단계에서 나온 것이 指事이다. 지사는 구체적인 모습으로 형상화할 수 없는 관념적이고 추상적인 개념을 표현하는 데 사용되었으며 주로 상형문자에 획이나 점을 더하고 빼는 방식으로 만들어졌다. 수평선을 긋고 위와 아래에 점을 찍어 나타낸

'上·下', 획을 그어 개수를 표현한 '一·二·三', 나무[木]의 아랫부분과 줄기의 끝부분에 표시를 해서 '뿌리'와 '끝'이라는 의미를 표현한 '本·末', 해[日] 아래 지평선을 그어 해가 떠오르는 아침을 표현한 '旦', 칼[刀]에 줄을 그어 칼날을 나타낸 '刃' 등이 대표적인 예이다.

### (3) 會意

앞서 말한 상형, 지사의 원리로 만들어진 문자 가운데서 뜻[意]을 모아[會] 글자를 만들어내는 방식을 '會意'라고 한다. 고대인들은 해[日]와 달[月]이야말로 밝음을 주는 가장 중요한 존재라고 생각했기 때문에 두 글자를 모아 밝음이란 뜻의 '明'이란 글자를 만들고, 농사짓는 사람은 주로 남자였기 때문에 밭[田]과 힘[力]을 합해 사내란 뜻의 '男'이라는 글자를 만들었다. 또 사람[亻]이 창[戈]을 가지고 있는 모습을 상상하면서 치다라는 뜻의 '伐'을, 사람[亻]이 나무 옆에 앉아 있는 모습을 떠올리면서 쉬다라는 뜻의 '休'를 만들었다. 나무가 여럿 있으면 '林·森'이 되고, 불이 모이면 '炎'이 되며, 나무에 불을 붙이면 '焚'이 된다. 새[隹]를 손[又]으로 한 마리 잡고 있으면 '隻'이 되고, 두 마리 잡고 있으면 '雙'이 되며, 새가 나무 위에 모여 있으면 '集'이 된다.

이렇게 의미를 결합하여 만드는 회의자는 글자가 만들어질 당시의 풍습이나 사유를 보여주기도 한다. 예를 들어 '名'은 아군과 적군이 구별되지 않은 저녁[夕]에 자기가 직접 입[口]을 열어 아군임을 증명해야 했던 상황을 보여주고, '取'는 전쟁 중 적군의 귀[耳]를 잘라서 손[又]으로 들고 와서 전공을 확인하던 시대 배경을 보여주며, '葬'은 풀[艹]에 시신[死]을 눕히고 그 위에 다시 풀[艹]을 덮어 매장하던 장례 풍습을 보여주는 글자이다. '哀'나 '愛'은 슬픔은 옷[衣]에 입[口]을 묻듯 가급적 숨기되, 사랑하는 이의 죽음과 같이 슬픔이 도를 넘을 경우 마치 두 개의 입[口口]이 개[犬] 짖듯 울부짖어 슬픔을 표출하던 동양적 감성의 일단을 보여준다.

### (4) 形聲

형성 역시 기존의 문자를 결합시켜 만드는 합체 형식의 造字 原理이다. 다만 형성은 의미간의 결합이 아니라 의미를 나타내는 요소[意符-形]와 소리를 나타내는 요소[音符-聲]의 결합이라는 점에서 회의와 구별된다. 예를 들어 '梧'는 '나무'라고 하는 의미와 '오'라고 하는 소리가 결합하여 만들어졌고, '悲'는 '마음'이라고 하는 뜻과 '비'라고 하는 음이 결합하여 만들어졌다.

형성은 현존하는 한자의 약 8할 이상이 이 원리에 의해 만들어졌다고 할 정도로 가장 광범위하고 중요한 조자 원리이다. 모르는 글자라 하더라도 의미 부분을 통해 뜻을 계통적으로 파악할 수 있고 소리 부분을 통해서 음을 추정할 수 있다. 즉 '江·河·洋·潮·涉·沈' 등 'ㅣ'가 포함된 글자에서 우리는 이들이 물과 관련된 글자임을 추정할 수 있고, '愚·偶·禑·藕·喁·隅·寓'와 같이 '禺'가 들어가 있는 글자들을 통해 이들이 모두 '우'의 음을 가지고 있음을 추정할 수 있다.

다만 형성에서 同音은 우리말의 초성이 같은 경우[雙聲關係]와 중성+종성이 같은 경우[疊韻關係]를 모두 포함한다. 예를 들어 '물[ㅣ]'이라는 뜻과 '공(工)'이라는 음이 결합되어 이루어진 '江'이라는 글자의 경우 소리 부분에 해당하는 '공(工)'이 '강'과 완전한 동음은 아니지만 쌍성관계이기 때문에 동음으로 간주된다. 또 '물[ㅣ]'이라는 뜻과 '매(每)'라는 음이 합쳐져 이루어진 '海'의 경우 소리 부분은 '매(每)'인데 역시 '해(海)'의 음과 완전히 일치하지는 않지만 역시 중성 이하 부분이 같은 첩운 관계에 해당되기 때문에 동음으로 간주된다. 때로는 형성자의 독음이 소리 부분과 다른 경우도 있다. 가령 '량(凉)'의 경우, 소리 부분은 '경(京)'으로서 쌍성 관계도 첩운 관계도 성립하지 않지만 형성문자로 인정한다. 이러한 예외는 한자가 오랜 변천 과정을 겪으면서 정착되어왔고 또 우리의 발음 체계가 중국의 것과 다른 데서 연유한다.

### (5) 轉注

轉注와 假借는 상형·지사·회의·형성 등 네 가지의 원리로 만들어진 글자를 다양하게 활용하기 위한 文字 運用의 원리이다.

이중 轉注는 수레바퀴가 구르는 것[轉]처럼 뜻이 굴러서 다른 뜻으로 변하고 그릇에 물이 넘쳐흐르듯[注] 다른 뜻으로 옮겨간다는 의미로, 기존 글자의 본뜻이 확대되거나 변화되어 새로운 뜻으로 바뀌는 것을 말한다. '길다'라는 뜻의 '長'이 '우두머리'라는 뜻으로 전용되거나 '길'이라는 뜻의 '道'가 '이치'라는 뜻으로 전용되는 경우가 대표적이다. 전용 과정에서 뜻뿐 아니라 음까지 바뀌는 경우도 있다. 악할 '악(惡)'이 미워할 '오'로 전용되거나 풍류 '악(樂)'이 즐길 '락'이나 좋아할 '요' 등으로 전용되는 경우, 셈 '수(數)'가 자주 '삭'이나 촘촘할 '촉'으로 넓혀지는 경우, 법도 '도(度)'가 헤아릴 '탁'으로 바뀌면서 음이 달라지는 경우가 이에 해당한다.

### (6) 假借

원래의 글자가 지닌 뜻과는 아무 관계없이 음이 같거나 형태가 비슷할 때 글자를 빌려 쓰는[假借] 경우를 말한다. '捨(버릴 사)'나 '稀(드물 희)', '汝(너 여)' 자 등을 써야 할 곳에 음이 같으면서 형태가 간편한 '舍(집 사)'나 '希(바랄 희)', '女(계집 녀)' 등을 빌려와 쓰는 것이 그 대표적인 예이다. '南無阿彌陀佛(나무아미타불)·比丘尼(비구니)·阿修羅(아수라) 등 梵語를 표기하기 위해서 한자음을 가져오는 경우 역시 가차의 범주에 포함된다. 현대에는 구어나 외국어 표기 등이 늘어나면서 가차의 효용 범위가 늘어나고 있다. 미국 화폐인 '달러($)' 대신 모양이 비슷한 한자 '弗(불)'을 가져다 쓰는 경우나 亞細亞(Asia), 佛蘭西(France), 埃及(Egypt) 등의 나라 이름, 俱樂部(Club), 咖啡(Coffee) 등의 외래어, 그리고 可口可樂(코카콜라), 百事可樂(펩시콜라) 등 상품 표기에 한자음을 가져와 활용하는 경우 등이 이러한 예에 속한다.

## 2. 부수의 이해

### 1) 부수의 개념

최초의 字典이라고 할 수 있는 漢나라 때의 『說文解字』에는 9,353자의 한자가 수록되어 있고 六朝時代 때 만들어진 『玉篇』에는 16,917자, 宋나라 때의 『廣韻』에는 26,194자, 明나라 때의 『字彙』에는 33,179자, 淸나라 때의 『康熙字典』에는 47,035자의 글자가 수록되어 있다. 근대에 들어와 한·중·일에서 편찬된 자전에는 더 많은 수의 한자가 실려 있다. 1957년 일본에서 만든 『大漢和字典』에는 48,902자, 1969년 대만에서 만든 『中文大辭典』에는 54,768자, 1990년 중국에서 만든 『漢語大字典』에는 54,678

자가 들어 있다. 우리나라는 단국대학교 동양학연구소에서 2008년 『漢韓大辭典』을 완성해 약 55,000자를 수록했다. 異體字나 略字가 중복 등재되는 경우가 많기는 하지만, 전반적으로 볼 때 문명이 발달하고 표현해야 할 개념이 늘어나면서 글자 수 역시 확대되어감을 알 수 있다.

이렇게 무제한적으로 늘어날 수 있는 한자를 체계적으로 분류하고 정리할 필요성에 의해 착안된 것이 部首이다. 허신은 『설문해자』를 엮으면서 수집한 한자를 자형에 따라 총 540部로 나누고 각 부마다 대표하는 글자를 맨 앞[首]에 배치하여 글자를 분류했다. 이것이 '部首'이다. 후대의 자전들도 이 부수 개념을 이용하여 한자를 분류하였으며 현재 대부분의 자전에는 1획부터 17획까지 총 214개의 부수가 수록되어 있다. 이 가운데 148자는 단독으로 글자를 이루면서 소리와 뜻을 가지지만 나머지 66자는 다른 글자와 결합하여 완성된 글자를 이루고 있다(30쪽 부수 일람 참조).

## 2) 부수의 명칭과 변형

### (1) 부수의 위치와 명칭

부수는 상하 좌우 등 글자의 한 부분에 위치하게 되는데 그 놓인 위치에 따라 일정한 명칭을 갖는다.

| 변 | 글자의 왼쪽 부분에 위치 |  | 亻, 氵, 忄, 扌, 阝 등 |
|---|---|---|---|
| 방 | 글자의 오른쪽 부분에 위치 |  | 刂, 頁, 斤, 阝, 卩 등 |

| | | | |
|---|---|---|---|
| 머리(두) | 글자의 윗부분에 위치 | | 艹, 竹, 雨, 宀, 癶 등 |
| 엄호(엄) | 위에서 왼쪽에 걸쳐 위치 | | 戶, 尸, 广, 厂, 疒 등 |
| 발 | 아랫부분에 위치 | | 儿, 心, 皿, 灬 등 |
| 받침 | 왼쪽에서 아래로 위치 | | 辶, 夂, 走 등 |
| 에운담(몸) | 둘레를 감싸는 부수 | | 口, 匚, 門 등 |
| 제부수 | 한 글자가 그대로 부수 | | 木, 高, 車, 鼻, 龜 등 |

그러나 명칭이 혼용되거나 변용되어 쓰이는 경우도 있어 따로 이해할 필요가 있다. 예를 들어 '阝'의 경우 왼쪽에 위치할 경우 '좌부변', 오른쪽에 위치할 경우 '우읍방'으로 부르는 것이 원칙이지만 관용적으로 '좌부방'·'우부방'으로 부른다. '艹'를 '초두변'으로 부르거나 '辶'을 '책받침변'으로 부르는 경우 역시 마찬가지이다. 또한 '心'의 경우는 글자의 왼쪽에 위치하여 변으로 사용되기도 하지만(예: 性·情·恨), 글자의 밑에 들어가 발의 역할을 하는 경우도 있다(예: 思·志·忘). 전해오면서 변용이 일어난 예라고 할 수 있다.

(2) 부수의 변형

부수 중에는 부수의 기능을 하면서 본래의 글자와 모양이 달라지는 경우가 있다. 둘 이상의 글자를 합체하면서 글자 모양의 미적·실용적 측면을 고려하여 나타나게 된 현상이다. 예를 들어 '肉'은 변으로 쓰일 때 '月' 형태의 모습으로 모양이 변한다. '玉'의 경우도 변의 위치에서 부수로 쓰일 때는 '王' 모양이 된다. 이러한 경우 실제 '달'이나 '임금'의 뜻으로 이해하지 않도록 유의해야 한다. 이밖에도 부수가 되면서 모양이 변하는 예는 다음과 같다.

| 부수(부수 이름) | 바뀐 모양 | 용례 |
|---|---|---|
| 乙 (새 을) | ㄴ | 乳亂乾 |
| 人 (사람 인) | 亻 | 仁休信 |
| 刀 (칼 도) | 刂 | 分利初 |
| 手 (손 수) | 扌 | 拾打抑 |
| 心 (마음 심) | 忄, 㣺 | 情思恭 |
| 攴 (칠 복) | 攵 | 改政敎 |
| 水 (물 수) | 氵 | 河流沐 |
| 火 (불 화) | 灬 | 無烹煎 |
| 犬 (개 견) | 犭 | 狼猶獨 |
| 牛 (소 우) | 牛 | 牝牡特 |
| 爪 (손톱 조) | 爫 | 爭爲爰 |
| 网 (그물 망) | 罒, 罓 | 罪署羅 |
| 老 (늙을 로) | 耂 | 考者耆 |
| 肉 (고기 육) | 月 | 肝肥胎 |
| 艸 (풀 초) | 艹 | 草英茂 |
| 衣 (옷 의) | 衤 | 衫被裏 |
| 玉 (구슬 옥) | 王 | 珍珥瑠 |
| 示 (보일 시) | 礻 | 神社祀 |
| 辵 (쉬엄쉬엄 갈 착) | 辶 | 進返送 |
| 邑 (고을 읍) | 阝(右) | 郡邦部 |
| 阜 (언덕 부) | 阝(左) | 防陸限 |
| 長 (길 장) | 镸 | 駚跃镽 |
| 食 (먹을 식) | 飠 | 餘饑饌 |

(3) 부수 일람

1획 : 6개

一(한 일) ㅣ(뚫을 곤) 丶(점 주) 丿(삐침 별) 乙(乚, 새 을) 亅(갈고리 궐)

2획 : 23개

二(두 이) 亠(뜻 미상 두, 돼지해머리) 人(亻, 사람 인) 儿(어진사람 인) 入(들 입) 八(여덟 팔) 冂(멀 경) 冖(덮을 멱, 민갓머리) 冫(얼음 빙, 이수변) 几(책상 궤) 凵(입 벌릴 감, 위터진입구) 刀(刂, 칼 도) 力(힘 력) 勹(쌀 포) 匕(비수 비) 匚(상자 방, 터진입구) 匸(감출 혜, 터진에운담) 十(열 십) 卜(점 복) 卩(㔾, 병부 절) 厂(언덕 한, 민엄호) 厶(사사로울 사, 마늘 모) 又(오른손, 또 우)

3획 : 31개

口(입 구) 囗(에울 위, 나라 국, 큰입구) 土(흙 토) 士(선비 사) 夂(뒤져올 치) 夊(천천히 걸을 쇠) 夕(저녁 석) 大(큰 대) 女(여자 녀) 子(아들 자) 宀(집 면, 갓머리) 寸(마디 촌) 小(작을 소) 尢(兀, 允, 절름발이 왕) 尸(주검 시) 屮(풀싹 날 철, 왼쪽 좌) 山(메 산) 巛(川, 내 천, 개미허리) 工(장인 공) 己(몸, 자기 기) 巾(수건 건) 干(방패 간) 幺(작을, 어릴 요) 广(집 엄, 엄호) 廴(끌 인, 민책받침) 廾(받쳐들 공) 弋(주살, 화살 익) 弓(활 궁) 彐(彑, 돼지머리 계, 튼가로왈) 彡(터럭 삼) 彳(천천히 걸을 척, 두인변)

4획 : 34개

心(忄, 㣺, 마음 심) 戈(창 과) 戶(지게, 문 호) 手(扌, 손 수) 支(지탱할 지) 攴(攵, 칠 복, 등글월문) 文(글월 문) 斗(말 두) 斤(도끼, 날 근) 方(모 방) 无(旡, 없을 무) 日(날 일) 曰(가로, 말할 왈) 月(달 월) 木(나무 목) 欠(하품 흠) 止(그칠 지) 歹(歺, 죽을 사, 뼈앙상할 알) 殳(몽둥이 수, 갖은등글월문) 毋(말 무) 比(견줄, 나란할 비) 毛(털 모) 氏(성 씨) 气(기운 기) 水(氵, 氺, 물 수) 火(灬, 불 화) 爪(爫, 손톱 조) 父(아비 부) 爻(사귈, 점괘 효) 爿(조각 장, 장수장변) 片(조각 편) 牙(어금니 아) 牛(牜, 소 우) 犬(犭, 개 견)

5획 : 23개

玄(검을 현) 玉(王, 구슬 옥) 瓜(오이 과) 瓦(기와 와) 甘(달 감) 生(날 생) 用(쓸 용) 田(밭 전) 疋(⺪, 발 소, 짝 필) 疒(병들 녁, 병질엄) 癶(걸을, 필 발, 필발머리) 白(흰 백) 皮(가죽 피) 皿(그릇 명) 目(눈 목) 矛(창 모) 矢(화살 시) 石(돌 석) 示(礻, 보일 시) 禸(짐승 발자국 유) 禾(벼 화) 穴(구멍 혈) 立(설 립)

6획 : 29개

竹(⺮, 대 죽) 米(쌀 미) 糸(실 사) 缶(장군, 질그릇 부) 网(罒, 그물 망) 羊(⺶, 양 양) 羽(깃, 날개 우) 老(耂, 늙을 로) 而(말 이을, 수염 이) 耒(쟁기 뢰) 耳(귀 이) 聿(⺺, 붓 율) 肉(⺼, 고기 육, 육달월) 臣(신하 신) 自(스스로 자) 至(이를 지) 臼(절구 구) 舌(혀 설) 舛(어그러질 천) 舟(배 주) 艮(그칠 간) 色(빛 색) 艸(艹, 풀 초) 虍(범 호) 虫(벌레 충) 血(피 혈) 行(갈 행) 衣(衤, 옷 의) 襾(覀, 덮을 아)

7획 : 20개

見(볼 견) 角(뿔 각) 言(말씀 언) 谷(골짜기 곡) 豆(콩 두) 豕(돼지 시) 豸(사나운 짐승 치, 갖은 돼지 시) 貝(조개 패) 赤(붉을 적) 走(달릴 주) 足(⻊, 발 족) 身(몸 신) 車(수레 거, 차) 辛(매울 신) 辰(별 진) 辵(辶, 쉬엄쉬엄 갈 착, 책받침) 邑(⻏, 고을 읍, 우부방) 酉(닭, 술 유) 釆(분별할 변) 里(마을 리)

8획 : 9개

金(쇠 금, 성 김) 長(镸, 길, 어른 장) 門(문 문) 阜(⻖, 언덕 부, 좌부방) 隶(잡을, 미칠 이) 隹(새 추) 雨(비 우) 靑(푸를 청) 非(아닐 비)

9획 : 11개

面(낯 면) 革(가죽 혁) 韋(가죽 위) 韭(부추 구) 音(소리 음) 頁(머리 혈) 風(바람 풍) 飛(날 비) 食(𩙿, 𠊊, 먹을 식) 首(우두머리 수) 香(향기 향)

10획 : 8개

馬(말 마) 骨(뼈 골) 高(높을 고) 髟(긴 머리털 표, 터럭발머리) 鬥(싸울 투) 鬯(울창주 창) 鬲(솥 력, 막을 격) 鬼(귀신 귀)

11획 : 6개

魚(물고기 어) 鳥(새 조) 鹵(소금밭 로) 鹿(사슴 록) 麥(보리 맥) 麻(삼 마)

12획 : 4개

黃(누를 황)  黍(기장 서)  黑(검을 흑)  黹(바느질할 치)

13획 : 4개

黽(맹꽁이 맹)  鼎(솥 정)  鼓(북 고)  鼠(쥐 서)

14획 : 2개

鼻(코 비)  齊(가지런할 제)

15획 : 1개

齒(이 치)

16획 : 2개

龍(용 룡)  龜(거북 귀, 터질 균)

17획 : 1개

龠(피리 약)


## 3) 주요 부수의 이해

합체자에서 부수는 주로 뜻의 기능을 담당한다. 따라서 부수를 잘 이해하면 그 유래와 어원에 체계적으로 다가갈 수 있을 뿐 아니라 새 한자를 익히고 기억하는 데 큰 도움이 된다.

주요 부수를 예시하면 다음과 같다.

### (1) 사람의 신체와 관련한 부수

옛날 사람들은 생각과 감정이 마음[心]에 있다고 생각했다. 따라서 '心'을 부수로 하는 글자는 인간의 사고와 감정을 나타내는 글자가 많다[예: 念·快·愛·慤]. 또 '肉'은 고깃덩어리의 단면을 그린 글자이다. 따라서 '肉(月)'에는 신체의 부위 또는 육체적 특성과 관련한 글자들이 많이 모여 있다[예: 腰·腸·胃·肝]. 신체 부위 가운데서도 목에서 머리까지는 주로 '頁'을 사용하여 글자를 만들었으며[예: 頂·額·頷·項], 눈 또는 보는 것과 관련된 글자는 '目'을[예: 盲·省·看·瞬], 말하거나 먹는 것과 관련된 글자는 '口'를[예: 召·呑·啄·噬], 발 또는 걷는 것과 관련된 글자는 '足'을[예: 跌·踏·踪·蹇] 사용하여 만들었다. '骨'에는 뼈와 관련한 글자 들이 모여 있으며[예: 骸·體·髓·髀], '髟'은 주로 머리털과 수염과 관련한 글자들로 이루어져 있다[예: 髮·鬚·髻·鬣]. 그런가 하면 '欠'은 사람이 입을 크게 벌리고 하품 하는 모양을 본떠서 만들어진 글자로, 이 글자를 부수로 하면 대개 사람이 입을 벌리는 동작과 관련된 뜻을 가진다[예: 歌·欸·歎·欽]. 한편, '疒'은 사람이 병이 들어 기대어 있는 모습을 본떠서 만든 글자로 이 부수에 속해 있는 한자의 대부분은 병과 관련이 있다[예: 病·疲·疫·癇].

### (2) 사람의 생활, 문화와 관련한 부수

한자 가운데는 '손'의 개념이 들어가 있는 글자가 많다. 이는 손이야말로 단순한 신체 부위를 넘어서 인간 고유의 활동이나 생산, 삶과 중요한 관련을 갖기 때문이다. 예를 들어 '又'는 무언가 잡으려고 하는 오른손의 모양을 본떠서 만들어진 것으로, 이 글자가 들어가 만들어진 한자에는 손 또는 손으로 잡는 행위와 관련이 되는 경우가 많으며[예: 叉·受·反·取], '手(扌)' 역시 손의 모습을 표현한 글자로 인간의 활동과 관련된 많은 글자들이 이 부수에 모여 있다[예: 打·探·捕·擲]. '攴(攵)'은 손에 잡은 가지로 무언가 치는 모습을 표현한 글자이다. 따라서 이 부수가 들어가면 사람이 치는 동작과 관련 있는 한자가 만들어지게 된다[예: 敲·收·攻·政]. 흔히 책받침이라 불리는 '辵(辶)'은 길[彳]에 사람의 발[止]이 놓여 있음을 나타낸 글자이다. 따라서 길과 관련되거나 길에서 일어나는 동작과 연관된 뜻을 가지는 한자들이 주로 이 부수에 모여 있다[예: 道·遠·退·逝]. '糸'는 가는 실이 한 타래 묶인 모양을 표현한 글자이다. 이 글자를 활용하여 주로 실의 종류를 나타내는 한자[예: 絲·絹·綿·純]나 실의 성질, 상태를 나타내는 한자[예: 紹·絶·繁·纖]들을 만들었다. 또 옛날에는 실을 물들여 색깔을 냈기 때문에 이 부수에는 색깔과 관련된 대부분의 글자들이 포함되어 있기도 하다[예: 紅·綠·素·緇]. '女'는 두 손을 교차하여 무릎에 올려놓고 다소곳이 꿇어앉은 여자의 모습을 형상화한 글자이다. 여자의 신분과 관련된 한자[예: 妃·妓·姑·姨], 또는 여자의 역할을 나타내는 한자[예: 姙·娠·娩·嫁]가 대체로 이 부수로 이루어졌지만 부권 사회가 된 이후 만들어진 것으로 추정되는 글자 중에는 정형화된 여자의 모습[예: 姿·嬌·婉·媛]이나 여자에 대한 천시의 의미를 담고 있는 글자들[예: 姦·妄·妬·媚]도 많다.

### (3) 주거와 관련한 부수

'宀'은 지붕의 모양을 본 뜬 것으로 글자가 갓처럼 생겼다 하여 흔히 '갓머리'라고 부른다. 이 글자를 부수로 하는 글자들은 주로 집 또는 주거와 관련이 있다[예: 宅·室·宮·寓]. '穴'은 동굴의 모양을 본뜬 것으로 대개 동굴 또는 구멍의 뜻을 가진 한자들[예: 究·空·窟·窺]이 이 부수에 속해 있고, '广'은 바위 모양에서, '厂'은 비탈길 모양에서 유래한 것으로 역시 주로 집과 관련한 글자들[예: 店·庫·廟·厠]을 포함하고 있다. '門'은 사방에 벽을 세우고 지붕을 올려 만들었던 고대인들의 문의 모습을 보여주는 글자이다. 따라서 이 부수에 들어가 있는 글자들은 대체로 문 또는 열거나 닫는 기능과 관련이 있다[예: 閉·開·關·間]. '口' 역시 일정한 경계를 가지고 에워 두른 지역을 표현한 것이다. 그 때문에 경계를 두른 모습이나 그러한 뜻을 포함한 글자들이 이 부수에 모여 있다[예: 囚·園·國·圍]. 흔히 '우부방'이라고 부르는 'ß'는 '邑(고을 읍)'의 변형이다. 따라서 이 부수에는 나라나 고을 이름과 관련한 글자[예: 鄭·邢], 일정한 구역에 관련된 글자[예: 邦·郡·都·鄕]들이 속해 있다. 한편 '좌부방'이라 부르는 'ß'는 '阜(언덕 부)'의 변형이다. 주로 언덕 즉 높이 융기된 지형과 관련된 글자들이 이 부수에 속해 있다[예: 障·階·陛·隱].

(4) 동·식물과 관련한 부수

흔히 '개사슴 록'이라 불리는 '犬(犭)'은 개가 서 있는 모습을 나타낸 글자이다. 이 글자가 부수로 쓰이면 대부분 짐승의 명칭[예: 狗·狐·猫·猿]이나 짐승의 행동 및 성격과 관련한 한자[예: 狡·猛·狂·猾]가 만들어진다. '豕'나 '馬' 역시 돼지나 말의 모습을 본떠서 만들어졌으며 활용방식은 '犭'과 같다. 그러나 이 글자들이 부수로 쓰일 때는 개보다는 다소 큰 동물의 이름[예: 豚·象·駁·駝]과 크고 약동적인 행동을 뜻하는 한자들을 만들게 된다[예: 豪·豫·馳·騷].
한편 '木'과 '艸(艹)'는 자전에서 가장 많은 글자를 보유하고 있는 부수들이다. 세상에 존재하는 많은 나무와 풀의 이름 및 그 속성을 표현하기 위한 것이다. 대체로 이들 부수가 들어가면 나무나 풀의 종류, 성분이나 부분, 생장과 관련한 글자들이 만들어진다. 예를 들어 '木'을 부수로 하는 글자에는 수목의 종류[예: 松·梧·梅·柳]나 나무의 구성 성분[예: 根·枝·條·核], 나무의 생리와 관련한 글자[예: 枯·柔·植], 그리고 목재로 이루어진 기물을 나타내는 글자[예: 橋·柱·案·杖]들이 모여 있다. '艸(艹)'에는 풀의 종류[예: 葛·蘆·蘭·蓬]나 식물의 일부를 나타낸 글자[예: 芽·花·葉·蔓], 생장 과정과 관련한 글자[예: 茂·落·萎·蒼]들이 대부분을 차지한다. 다만 옛날 사람들은 식물을 엄격하게 분류하지 못했기 때문에 나무에 속하는 것[예: 葡·薔·藤]들이나 菌類와 같은 하등 식물[예: 菌·苔·藻]까지 풀의 개념에 포함시켜 이해하기도 했다. '竹'은 대나무와 관련된 글자[예: 筒·箭·箸·竿] 이외에도, 악기나 초창기의 책들이 대나무로 만들어졌기 때문에 악기 이름[예: 笛·簫·笙·箏]이나 저술과 관련한 글자들[예: 策·籍·簿·簡]등이 이 부수에 속해 있다.

(5) 해와 달, 神, 죽음과 관련한 부수

黑點이 있는 해의 모양을 본떠서 만든 '日'에는 대체로 시간 개념을 표현하는 글자들[예: 旦·晨·晝·春]이나 해에서 비롯된 현상과 관련된 글자들[예: 明·昏·暖·暑]이 모여 있다. '月' 역시 이지러진 달을 본떠서 만든 글자로 주로 시간 개념을 나타내는 한자나 밝기와 관련 있는 한자가 이 부수에 속해 있다[예: 朝·朔·期·望]. 단, '肉(月)'이 주로 왼쪽에 사용되는 것과 달리 '月'의 경우, '朦·朧' 등 몇 자를 제외하고는 주로 오른쪽에 쓰인다는 것을 유의할 필요가 있다. '示'는 하늘의 모습을 나타낸

'二'에 해·달·별을 상징화한 세 개의 획을 그어 만든 지사자이다. 신이 천체의 징조를 통해 길흉을 보여준다는 의미를 포함한다. 따라서 '示'를 부수로 하는 글자의 대부분은 神과 관련되거나 신성성·영험성을 나타낸다. 몇 가지 예를 들어보자. '社'는 '땅귀신 사'이다. 농경 사회에서 토지의 신은 중요한 존재였고 그렇기 때문에 땅에 제사를 지내는 날에는 많은 사람들이 모여들었다. 이렇게 해서 이루어진 것이 社會이다. '祖'는 '할아비 조'이다. '示'에 男根 모양을 형상화한 '且'를 더해 만든 것으로 남성 중심 사회의 정착 과정을 보여준다. '祀'는 신 앞에 무릎을 꿇고 기도하는 사람의 모습을 더해 만든 글자이고, '祝'은 '示'에 '人'과 '口'가 결합되어 이루어진 글자로 사람의 입을 통해 신에게 뜻을 전달한다는 의미를 포함하고 있다. '祭'는 손[又]에 고기[月]를 들고 신[示]에게 바친다는 뜻이 들어간 글자이고, '禮'는 '示'에다 제물이 풍성히 담겨져 있는 모양의 '豊'을 결합한 글자이다. 복이라는 뜻의 '福·祚·祥·祉' 역시 모두 '示'를 부수로 하여 이루어져 있다. 한편 죽음을 나타내는 부수로 '歹'이 있다. 이 부수가 들어가면 주로 죽음이나 재앙과 관련된 글자들이 만들어진다[예: 死·殃·殞·殤].

# 3. 한자어의 이해

## 1) 한자어의 개념

한자는 각각의 한자가 각각의 음을 갖는 單音 문자이다. 고대에는 새로운 어휘가 필요하더라도 두 자 이상의 합성보다는 合體字를 만들거나 轉意하는 방식으로 필요를 충당시켰다. 그러나 인지가 발달하고 표현해야 하는 대상과 개념이 복잡해지면서 문자의 제작과 운용 방식만으로는 뜻을 충분히 드러낼 수 없게 됐다. 이에 몇 개의 문자를 붙여 단어를 만들어 쓰게 되었는데 이렇게 해서 만들어지게 된 것이 漢字語이다.

2) 한자어의 구조

한자어는 다음과 같은 몇 가지의 구조로 이루어진다.

(1) 주술 구조

주어와 서술어 관계의 결합이다. 주어는 행위의 주체가 되고 서술어는 행위 동작 상태 등을 나타낸다.
예 地震 · 年少 · 日出 · 性急 · 海溢 · 人造 · 山高

(2) 술목 구조

서술어와 목적어 관계의 결합이다. 서술어는 행위나 동작을 나타내고 목적어는 그 대상이 된다.
예 讀書 · 修學 · 求職 · 失望 · 作文 · 愛國 · 握手 · 呼名

(3) 술보 구조

　서술어와 보어 관계의 결합이다. 서술어는 행위나 동작을 나타내고 보어는 서술어의 불완전한 의미를 보충해준다.
　예 登山·入學·出戰·有利·無用·非凡·難解·浸水·歸鄕

(4) 수식 구조

　수식어와 피수식어 관계의 결합이다. 관형어+체언의 결합 형식, 부사어+용언의 결합 형식이 있다.
　예 明月·流水·美人·大國·落葉·甘味·至當·徐行·過食·必勝·極大·漸進

(5) 병렬 구조

　두 개 이상의 단어가 대등한 관계로 결합하여 각각의 의미를 독립적으로 유지하는 형태이다. 결합의 내용에 따라 다음과 같은 몇 가지 종류로 나뉜다.

　① **유사병렬**: 뜻이 같거나 비슷한 한자끼리의 결합
　예 道路·租稅·希望·到達·授與·堅固·溫暖·巨大·優秀

　② **대립병렬**: 뜻이 반대되거나 대비되는 한자끼리의 결합
　예 本末·始終·晝夜·天地·淸濁·往來·勝敗·開閉·高低·喜悲·強弱

③ **대등병렬**: 뜻이 서로 대등한 한자끼리의 결합이다.
예 仁義 · 魚貝 · 草木 · 富貴 · 衣食住 · 眞善美 · 紙筆墨

④ **첩어병렬**: 똑같은 한자의 중복 결합
예 紛紛 · 堂堂 · 各各 · 滔滔 · 代代로 · 黙黙히 · 一一이

⑤ **융합병렬**: 한자의 뜻이 융합되어 분리할 수 없게 된 형태이다. 본래의 의미를 넘어 새로운 뜻을 갖게 되는 것으로 대개 관습적으로 굳어진 단어들이 이에 속한다.
예 春秋 · 光陰 · 矛盾 · 社稷 · 琴瑟

(6) 축약 구조

두 개 이상의 한자어가 결합 또는 축약되어 하나의 한자어로 바뀌는 형태를 말한다. 현대어 조어 방식으로 많이 활용된다.

① 공통되는 한자를 줄이는 방식
예 南北韓 · 嶺湖南 · 碩博士 · 動植物 · 先後輩 · 長短點
② 긴 형태의 한자어를 약어화하는 방식
예 韓銀(韓國銀行) · 開途國(開發途上國) · 甲勤稅(甲種勤勞稅)

제2장

―

한문의 기초

# 1. 한문의 품사와 문법

## 1) 한문의 품사

한문 품사의 명칭과 분류에 대하여 여러 가지의 설이 있으나 일반적으로 名詞·動詞·形容詞·數詞·副詞·代詞·介詞(전치사)·連詞(접속사)·助詞·感歎詞의 10품사로 나누어 볼 수 있다. 이중에 명사·동사·형용사·수사는 실제의 뜻을 담고 있으므로 '實詞'라 부르고, 개사·연사·조사·감탄사는 실사와 함께 있어야 의미를 갖게 되므로 '虛詞'라고 부른다. 부사·대사는 실사와 허사의 역할을 모두 하는데 일반적으로 실사에 포함된다.

한문의 각 품사는 다른 언어 체계에서와 마찬가지로 문장 안에서 일정한 기능을 수행한다. 예컨대 동사가 서술어의 역할을, 형용사가 관형어나 부사어의 역할을 하는 것과 같은 것이다. 그러나 주의할 것은 한문은 품사의 기능이 고정되어 있지 않다는 점이다. 이를테면 명사라 할지라도 위치에 따라서는 동사로 기능하여 서술어의 역할을 하기도 한다. 이처럼 품사의 기능이 고정되어 있지 않기 때문에 한문을 해석하는 데 어려움이 생기기도 하며, 이때 문맥을 잘 파악하여 해석해야 한다.

## 2) 문법 용례

다음에서는 몇 가지 한자를 중심으로 문법적인 용례를 살펴보도록 하겠다.

(1) 於(于, 乎)

① 처소(장소) : 장소를 나타내는 명사 앞에 놓임.
  예 生孔子於魯昌平鄕陬邑.
② 대상, 목적 : ~에, ~에게, ~을. 예 己所不欲, 勿施於人.
③ 시간 : ~에. 예 三歲之習, 至于八十.
④ 출발, 유래 : ~에, ~에게서, ~로부터. 예 出乎爾者, 反乎爾.
⑤ 피동 : 타동사 바로 뒤에 놓임. ~에게 ~을 당하다.
  예 勞力者, 治於人.
⑥ 비교 : ~보다. 예 霜葉紅於二月花.

(2) 之

① 대명사 : 그, 그것. 명사를 대신하는 말. 예 愛人者, 人恒愛之.
② 주격 : 주어 다음에 오는 之.
  예 知其說者之於天下也, 其如示諸斯乎, 指其掌.
③ 목적격 : ~을, ~를. 예 學而時習之.
④ 관형격 : ~의. 예 論語之書, 成於有子曾子之門人.
⑤ 관형형 : ~하는, ~는. 예 忍容忍也, 蓋深疾之之辭.
⑦ 동사 : 가다. 예 子將安之? 之海上.

(3) 爲

① 동사 : ~이다. 예 爲善者, 爲君子, 爲惡者, 爲小人.
② 동사 : ~하다. 예 善事父母爲孝, 善事兄長爲弟.

③ 동사 : 되다. 예 學之至則可以爲聖人, 不學則不免爲鄕人而已.
④ 동사 : 삼다. 예 人子體此, 而以父母之心爲心.
⑤ 동사 : 여기다. : (以와 함께 쓰여) ~로 여기다.
　　예 惟恐其有疾病, 常以爲憂也.
⑥ 동사 : 당하다. 예 梅花爲寒所勒
⑦ 전치사 : 때문·이유. 예 射不主皮, 爲力不同科.

### (4) 與

① 동사 : 주다. 예 五年得還, 乃悅路傍婦人, 以金與之.
② 전치사 : ~와 더불어. 예 爲民上而不與民同樂者, 亦非也.
③ 접속사 : ~와. 예 門乎子與賓客之所由也.
④ 종결사 : 의문, 감탄. 예 孝弟也者, 其爲仁之本與!

### (5) 而

① 순접 : 그리고, ~하고, ~하면서. 예 不遠千里而來.
② 역접 : 그러나, ~하나. 예 蓮之出於淤泥而不染, 濯淸漣而不夭.
③ 조사 : (已와 함께 쓰여) ~일 뿐. 예 其本只是正心誠意而已.

### (6) 以

① 전치사 : ~로써. 예 生事之以禮, 死葬之以禮, 祭之以禮.
② 접속사 : 而. 예 子幸敷聖意, 勉以進之之術.
③ 명사 : 까닭. 예 良有以也.

④ 명사 : 방법, 길, 수단. 예 亦將有以利吾國乎?

(7) 所

① 장소 : 처소, 지방. 예 皆先設主, 而祭於其所.
② ~하는 바 : 예 竈者, 五祀之一, 夏所祭也.
③ 이유 : (以와 함께 쓰여) 이유, 까닭.
　예 蓋倂去其羊, 則此禮遂亡矣, 孔子所以惜之.
④ 도리, 방법 : 예 吾黨之小子狂簡, 斐然成章, 不知所以裁之.

(8) 者

① 사람 뒤에 : ~하는 사람. 예 不仁者, 不可以久處約.
② 사물 뒤에 : ~하는 것(곳). 예 孝弟也者, 其爲仁之本與!

(9) 寧

① 의문 : 어찌, 어디. 安, 焉. 예 天下寧有是理乎?
② 반어 : 어찌 ~하겠는가. 예 王侯將相寧有種乎?
③ 비교 : 차라리 ~한 것이 낫다. 與~(無)寧.
　예 禮與其奢也, 寧儉, 喪與其易也, 寧戚.

(10) 也

① 종결사 : ~이다. 예 小子識之, 苛政猛於虎也.

② 기원문, 감탄문에 : ~하구나! 예 子犯曰 "戰也! 戰而捷, 必得諸侯."
③ 구 가운데 : ~면, ~이. 특별히 해석하지 않아도 됨.
　예 鳥之將死, 其鳴也哀.


## 2. 한문의 구조

### 1) 한문의 구조

　한문 문장은 기본적으로 한자어의 짜임과 유사하다. 주어와 서술어를 축으로 하여 수식의 역할을 하는 관형어와 부사어, 그리고 서술어를 보충하는 보어로 구성된다. 어순을 보면 서술어를 기준으로 주어-서술어-목적어가 일반적이다. 간혹 서술어와 목적어의 순서가 바뀌는 경우가 있는데 이에 대해서는 한문의 기본 문형에서 설명하기로 한다.

　⑴ 주술 구조

　주어와 서술어로 짜인 구조이다.

　예 ① 孔子 聖人也
　　　② 政者 正也
　　　③ 國/亂 ; ⑤ 國亂/必亡
　　　④ 春/來 ; ⑥ 陽春/方來

예 ①은 '孔子'라는 고유명사를 주어로 하고, '聖人'이라는 명사에 문장의 종결을 뜻하는 '也'가 붙은 서술어로 구성되어 있다. '聖人'은 그 자체로는 수식 구조로 이루어진 한자어인데, 명사로서 주어나 목적어의 역할을 하기도 하고, 여기에서처럼 서술어로 기능하기도 한다. 예 ②는 '정치'를 뜻하는 명사로 된 주어 '政'과 '바름, 바른 것'을 뜻하는 '正'에 종결의 '也'가 붙은 서술어로 구성되었다. '政'자 뒤에 붙은 '者'는 사람 뒤에서는 '~하는 사람', 사물이나 가치·개념의 뒤에서는 '~라는 것'으로 해석된다.

이러한 기본 구조에 주어와 서술어를 수식, 보충하는 관형어나 부사어가 포함되면 예 ⑤·⑥과 같이 구조가 확장된다.


(2) 술목 구조

서술어와 목적어로 짜인 구조이다. 빈어는 우리 문법에서 목적어나 부사어에 해당하는 말이다.

예 ① 讀/書 ; 我/讀/書
② 樂水/樂山 ; 知者/樂水 仁者/樂山
③ 事/君 ; 臣/事/君 ; 忠臣/不事/二君

예 ①과 ②는 서술어와 목적으로 된 기본 구조에 주어를 표현하여 완성된 형태의 문장을 만든 것이다. 예 ③은 서술어와 목적어로 된 기본 구조에 주어를 넣되, 주어와 목적어를 수식하는 말[忠·二]이 각각 덧붙여졌고, 부정사[不]를 넣어 새로운 형태의 문장 형식을 구성한 경우이다.

한편, 서술어에 이어 직접목적어 – 전치사 – 간접목적어/보어의 순으로 구성되면서 '~가 ~에게 ~을 하다'는 의미를 표현하는, 조금 더 확장된 술목 구조의 형식이 있다.

예 ① 孔子問禮於老子
　　② 君子歸罪於己
　　③ 王/賜/酒 ; 王/賜酒/於臣 ; 王/下賜/美酒/於忠臣

예 ③은 주-술-목의 기본 형식에 간접목적어[臣]를 넣고, 두 개의 목적어를 수식하는 말[美·忠]을 넣어 문장의 의미를 확대해나간 것이다.

(3) 술보 구조

서술어와 보어로 짜인 구조. 보어는 서술어의 의미를 보충하여 뜻을 완전하게 하는 일종의 수식어이다.

예 ① 無禮·無益·有口·無言·我是學生
　　② 靑出於藍
　　③ 落日已入於西山

예 ①은 술어와 보어로 이루어진 기본구조이다. 예 ②는 서술어 '出'만으로는 의미가 전달되지 않으므로 '於藍'으로 의미를 보충한 경우이며, 예 ③ 또한 서술어 '入'의 의미를 명확하게 하기 위해 '於西山'을 넣어 보충한 예이다.

## 3. 한문의 문형

한문 문장은 단일한 주어와 서술어로 구성된 單文과 단문이 겹쳐진 複文으로 나뉜다. 여기서는 단문을 중심으로 한문 문장의 기본 형식을 살펴보겠는데, 주어와 서술어의 성격, 화자와 청자와의 관계 등에 따라 아래와 같은 몇 가지 형식으로 나누어볼 수 있다.

### (1) 平敍文

사물이나 사실을 그대로 서술하는 문장으로 주어, 서술어, 목적어, 보어 등이 차례로 배열되어 긍정적인 뜻을 나타낸다. 종결어로는 '也·矣·哉·焉·爾' 등의 허사가 쓰인다.

예 ① 仁人心也, 義人路也.
② 師者, 所以傳道授業解惑也.
③ 人之過也, 各於其黨, 觀過, 斯知仁矣.
④ 愛人者人恒愛之, 敬人者人恒敬之.

### (2) 否定文

동작이나 상태, 또는 어떤 일을 부정하는 뜻을 나타내는 문장으로 '不·非·未·無·勿·莫' 등의 부정사를 사용한다. '~아니하다/~이 아니다/~못하다/~이 없다' 등으로 풀이된다.

예 ① 樹欲靜而風不止, 子欲養而親不待.

② 不患人之不己知.
③ 不怨天, 不尤人.
④ 有德者, 必有言, 有言者, 不必有德. ; 必不有德.

부정사가 올 때에는 서술어와 목적어, 또는 서술어와 보어 사이에 문법적 변형이 생기기도 한다[예 ④]. '知之(술목)'는 부정사 '莫'과 결합하면서 '莫之知'로, '有之(술보)'는 부정사 '未'와 결합하면서 '未之有'로 도치된다. 또한 예 ④처럼 '必'과 같이 한정 혹은 조건을 나타내는 부사가 부정사의 앞에 오면 전체 부정, 뒤에 오면 부분 부정의 뜻을 갖는다.

### (3) 禁止文

금지의 뜻을 나타내는 문장으로 '勿·毋·無·莫·不' 등의 금지사를 쓰며 '~하지 말라'는 의미를 갖는다.

예 ① 無道人之短, 無說己之長.
② 非禮勿視, 非禮勿動.
③ 不患人之不己知.

### (4) 疑問文

사물 또는 사실이 '무엇인가? 어떠한가?'를 묻는 문장으로 의문사 '何·如何(何如)·奈何·安·寧·焉·惡·豈·誰·孰'이 들어가거나 '乎·與'와 같은 의문형 종결사가 쓰인다.

예 ① 汝何國臣乎?

② 漢陽中, 誰最富?

③ 賢者亦有此樂乎?

④ 子非三閭大夫與, 何故至於斯?

(5) 反語文

어떤 사실을 단정, 강조 또는 동의를 구하기 위하여 사실과 반대되는 내용을 의문문의 형식으로 묻는다. '어찌 ~하겠는가?', '어찌 ~이리오?', '또한 ~하지 아니한가?'로 해석할 수 있다. 예 ①과 ②는 의문사 '安·寧·豈·何'로 표현된 반어문이며, 예 ③은 의문사와 의문형 종결사로 표현된 반어문이다.

예 ① 不入虎穴, 安得虎子?

② 來言不美, 去言何美?

③ 此非孟德之困於周郎者乎?

④ 學而時習之, 不亦說乎?

(6) 比較文

사물이나 사실의 우열을 비교하거나, 하나를 선택하도록 하는 문장의 형식이다. '於·于·乎·如·若·不如·不若·莫如·莫若' 등의 표현이 사용된다.

예 ① 不如吾之先死.

② 交友之道, 莫如信義.

③ 衣莫若新, 人莫若故.

④ 民之可畏, 有甚於水火虎豹.

### (7) 假定文

어떤 조건이나 행위를 가상하고 그 결과를 예상하는 문장 형식으로 苟·若 등이 함께 쓰인다.

예 ① 苟爲後義而先利, 不奪不饜.

② 春若不耕, 秋無所望.

③ 國雖大, 好戰必亡.

### (8) 使動文

사람이나 사물을 시키거나 부리는 뜻을 담은 문장 형식이다. '使·令·敎·俾' 등이 쓰이거나 동사 자체가 사동의 의미를 갖는 경우도 있다.

예 ① 赤也, 束帶立於朝, 可使與賓客言也.

② 令諸君知天亡我, 非戰之罪也.

③ 使民衣食有餘, 自不爲盜.

### (9) 被動文

주어가 제3자에게 어떤 동작을 받거나 당하는 문장 형식이다. 동사 자체가 피동의 의미를 갖는 경우와, '於·于·乎'가 동사 앞에 놓이며 피동의 의미를 갖는 경우, '見·被·爲' 등이 쓰인 경우, 그리고 '見~于', '爲~所'와 같은 구문을 통해 피동의 의미를 드러내는 경우가 있다.

예 ① 先則制人, 後則爲人所制.
　　② 須擇國馬病瘦, 而見放者而後換之.
　　③ 君子役物, 小人役於物.

(10) 感歎文

사물이나 사실에 느낌을 받아 슬픔, 기쁨, 놀라움을 나타내는 문장으로 '噫·嗚·呼'와 같은 감탄사나 '哉·與·歟·乎'와 같은 감탄의 종결사를 쓴다.

예 ① 嗚呼, 痛哉!
　　② 知我者, 其天乎!
　　③ 噫! 微斯人, 吾誰與歸!

제2편

# 생활 한자어와 학술 한자어

제1장 일상생활 속의 한자어

제2장 대학생활 속의 한자어

제3장 이야기 속의 한자어

제1장

―

# 일상생활 속의 한자어

# 1. 나이와 간지

(1) 나이와 관련된 한자어

2~3세 : 提孩                10세 안팎 : 沖年
15세 : 志學                  20세 : 弱冠
30세 : 而立                  32세 : 二毛
40세 : 不惑, 不動心, 强仕之年   48세 : 桑年
50세 : 知命                  60세 : 耳順
61세 : 回甲, 還甲, 周甲, 華甲   62세 : 進甲
70세 : 從心, 古稀             71세 : 望八
77세 : 喜壽                  80세 : 傘壽
81세 : 望九                  88세 : 米壽
90세 : 卒壽                  99세 : 白壽
100세 : 期頤

【용례의 출전】

　人生十年曰幼, 學. 二十曰弱, 冠. 三十曰壯, 有室. 四十曰强, 而仕. 五十曰艾, 服官政. 六十曰耆, 指使. 七十曰老, 而傳. 八十九十曰耄, 七年曰悼, 悼與耄, 雖有罪, 不加刑焉. 百年曰期, 頤.

『禮記』, 禮篇

　子曰, 吾十有五而志于學, 三十而立, 四十而不惑, 五十而知天命, 六十而耳順, 七十而從心所欲不踰矩.

『論語』, 爲政篇

## (2) 十干十二支

'干'은 나무줄기[幹], 하늘[乾]을 나타내며, '支'는 나뭇가지[枝], 땅[地]을 뜻하여 '천지의 조화'를 나타낸다. '10천간 12지지'라고도 한다. 10간과 12지를 순서대로 하나씩 짝 맞추어 늘어놓은 것이다. 10과 12의 최소공배수인 60의 한 바퀴를 돌고 나면 다시 甲子로 돌아간다. 回甲·還甲·周甲이라는 말이 바로 甲으로 되돌아가는 나이가 되었다는 말이다.

| 10天干 | 甲 | 乙 | 丙 | 丁 | 戊 | 己 | 庚 | 辛 | 壬 | 癸 |
|---|---|---|---|---|---|---|---|---|---|---|

| 12地支 | 子 | 丑 | 寅 | 卯 | 辰 | 巳 | 午 | 未 | 申 | 酉 | 戌 | 亥 |
|---|---|---|---|---|---|---|---|---|---|---|---|---|
| | 쥐 | 소 | 범 | 토끼 | 용 | 뱀 | 말 | 양 | 원숭이 | 닭 | 개 | 돼지 |
| | 23~1시 (三更) | 1~3시 (四更) | 3~5시 (五更) | 5~7시 | 7~9시 | 9~11시 | 11~13시 | 13~15시 | 15~17시 | 17~19시 | 19~21시 (初更) | 21~23시 (二更) |

## 2. 24절기

24절기는 우리 민족의 전통적인 음력에 태양의 黃道(지구에서 볼 때 태양이 1년 동안 하늘을 한 바퀴 도는 길)상의 위치에 따라 1년을 스물넷으로 나눈 계절의 구분이다. 황도상의 0도를 春分으로 하여 매 15도 간격으로 각 절기를 구분한다.

| | 孟 | | 仲 | | 季 | |
|---|---|---|---|---|---|---|
| | 1월 | | 2월 | | 3월 | |
| | (1) 立春 | (2) 雨水 | (3) 驚蟄 | (4) 春分 | (5) 淸明 | (6) 穀雨 |
| 春 | 양력 2월 3~5일. 봄이 시작되는 시기. 春帖子. | 양력 2월 18~20일. 겨우내 얼었던 물이 풀림. | 양력 3월 5~6일. 겨울잠을 자던 동물들이 깨어 나옴. | 양력 3월 21~22일. 밤 낮의 길이가 같음. | 양력 4월 5~6일. 하늘이 맑고 밝아짐. 寒食 전날 또는 같은 날. 논농사 준비 작업으로 논밭둑에 가래질을 시작함. | 양력 4월 20~21일. 백곡을 잘 자라게 하는 비. 이때 가물면 땅이 석 자가 마른다고 함. |
| | 4월 | | 5월 | | 6월 | |
| | (7) 立夏 | (8) 小滿 | (9) 芒種 | (10) 夏至 | (11) 小暑 | (12) 大暑 |
| 夏 | 양력 5월 5~7일. 여름의 시작. 못자리가 자리를 잡고 해충과 잡초가 많아져 눈코 뜰새 없이 바빠짐. | 양력 5월 21~22일. 만물이 점차로 생장하여 가득 참. 모내기 준비, 가을 보리 베기, 김매기 등 할 일이 태산. | 양력 6월 5~7일. 보리는 익어 수확할 때가 되고 모는 자라서 심을 수 있게 됨. 1년 중 가장 바쁜 때. | 양력 6월 21~22일. 1년 중 낮이 가장 긴 날. | 양력 7월 7~8일. 작은 더위. 본격적으로 더위가 시작되고 과일과 채소가 풍성해 짐. 장마철. | 양력 7월 23~24일. 큰 더위. 대개 중복 무렵이라 몹시 무더움. |

|   | 7월 | | 8월 | | 9월 | |
|---|---|---|---|---|---|---|
|   | (13) 立秋 | (14) 處暑 | (15) 白露 | (16) 秋分 | (17) 寒露 | (18) 霜降 |
| 秋 | 양력 8월 7~9일. 가을의 시작. 무나 배추를 심어 겨울 김장을 대비함. | 양력 8월 22~24일. 더위가 가심. 이때가 지나면 모기도 입이 비뚤어진다고 함. | 양력 9월 8~9일. 흰 이슬. 점차 가을다운 기운이 더해지는 시기. | 양력 9월 20일 전후. 밤과 낮의 길이가 다시 같아짐. 잡다한 가을걷이. | 양력 10월 8~9일. 찬 이슬. 타작이 한창일 때. | 양력 10월 23~24일. 쾌청한 날씨가 계속되면서 밤에는 기온이 많이 떨어져 서리가 맺히는 늦가을이 시작됨. |
|   | 10월 | | 11월 | | 12월 | |
|   | (19) 立冬 | (20) 小雪 | (21) 大雪 | (22) 冬至 | (23) 小寒 | (24) 大寒 |
| 冬 | 양력 11월 7~8일. 겨울의 시작. | 양력 11월 22~23일. 작은 눈. 살얼음이 잡히고 땅이 얼기 시작함. 손돌 바람. | 양력 12월 7~8일. 큰 눈. 이 날 눈이 많이 오면 다음 해에 풍년이 들고 푸근한 겨울을 난다고 함. | 양력 12월 22~23일. 1년 중 밤이 가장 긴 날. 작은 설. 팥죽을 쑤어 먹음. | 양력 1월 6~7일. 1년 중 가장 추운 때. 대한이 소한이 집에 놀러 갔다가 얼어 죽었다 함. | 양력 1월 20~21일. 소한과 함께 1년 중 가장 추운 때. |

# 3. 친족 관계와 호칭

(1) 관계와 호칭

父子間 : 아버지와 아들
父女間 : 아버지와 딸
母子間 : 어머니와 아들
母女間 : 어머니와 딸
兄弟間 : 형과 아우
男妹間 : 오빠와 누이
姉妹間 : 언니와 여동생
舅婦間 : 시아버지와 며느리
姑婦間 : 시어머니와 며느리
翁婿間 : 장인과 사위
祖孫間 : 조부모와 손자
叔姪間 : 아저씨와 조카
嫂叔間 : 형제의 아내와 남편의 형제
同婿間 : 형제의 아내끼리, 자매의 남편끼리
伯父 : 아버지의 형
叔父 : 아버지의 아우
姑母 : 아버지의 누이
外叔 : 어머니의 남자형제
姨母 : 어머니의 자매
兄嫂 : 형의 아내
弟嫂 : 동생의 아내

姉兄 : 누나의 남편
妹弟 : 여동생의 남편
妻兄 : 아내의 언니
妻弟 : 아내의 여동생
妻男 : 아내의 남자형제
兄夫 : 언니의 남편
弟夫 : 동생의 남편

(2) 부모님을 부르는 말

|  | 자기의 부모 | | 다른 사람의 부모 | |
|---|---|---|---|---|
|  | 살아 계실 때 | 돌아가셨을 때 | 살아 계실 때 | 돌아가셨을 때 |
| 父 | 家親, 嚴親, 家嚴 | 先親, 先考, 先人 | 春(椿)府丈<br>椿丈, 春堂 | 先大人, 先考丈 |
| 母 | 慈親, 母親 | 先妣, 先慈親 | 大夫人, 慈堂,<br>萱堂 | 先大夫人, 先夫人,<br>先慈堂 |

## 4. 풍속과 의례

(1) 관혼상제와 명절

冠禮・冠婚喪祭・美風良俗・民俗風習

婚姻式・約婚式・四柱單子・婚姻申告・賀客・婚主

弔問客・喪家・問喪・壽衣・發靷・入棺・納骨堂

祭祀・神位・祝文・祭器・追悼禮拜

謹賀新年・元旦・立春大吉・端午・七夕・仲秋節・重陽節

(2) 경조사 문구 실례

慶事：祝結婚・祝華婚(결혼)・祝壽宴(생일)
弔事：賻儀・香燭代・奠儀・弔儀・謹弔

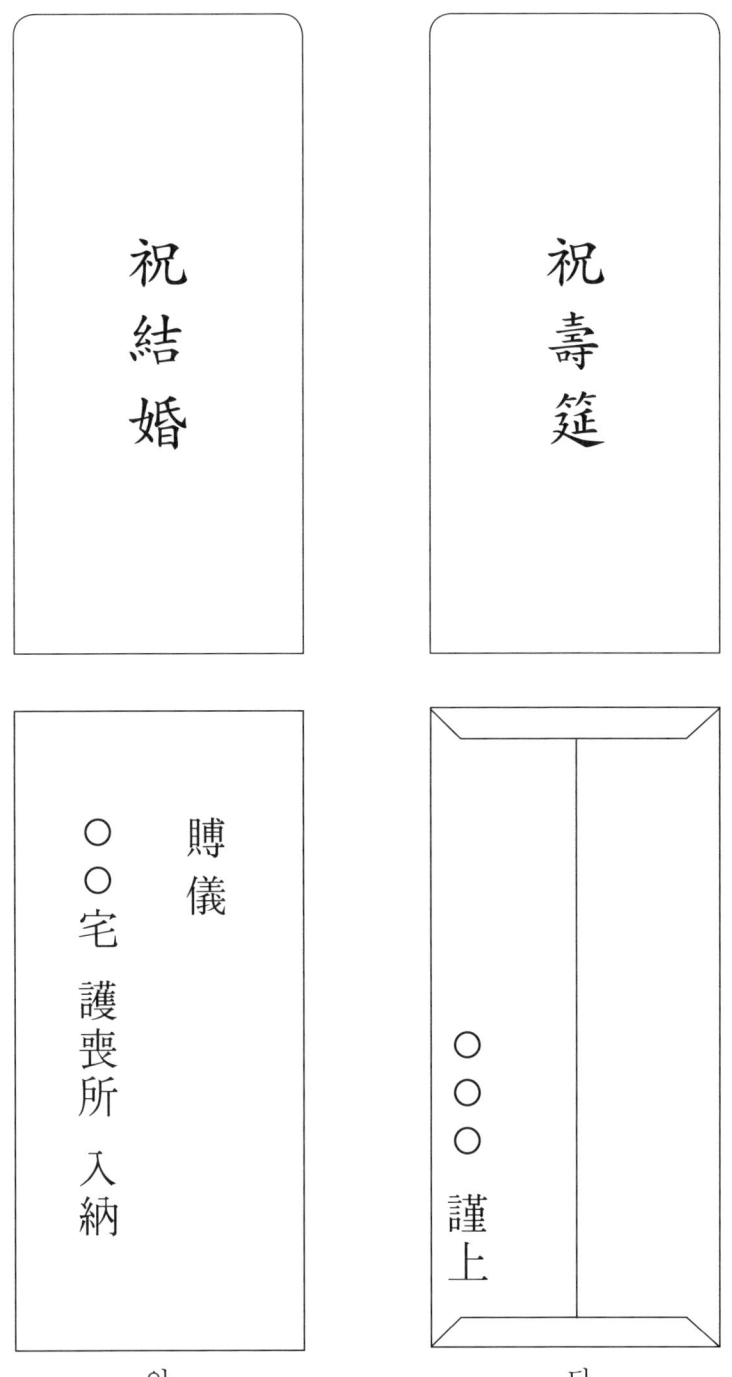

제2장

―

# 대학생활 속의 한자어

# 1. 대학과 수업

○ 學科  學部  大學院  單科大學  人文學  社會學
自然科學  工學  農學  敎育學  法學  經營學
健康科學  醫學  藥學  神學  藝術

○ 敎鞭  敎壇  敎授  助敎  授業  專攻  複數專攻
敎養  學點  履修

○ 出席  缺席  遲刻  補講  課題  試驗  成績  放學
除籍  登錄金  奬學金

○ 中央圖書館  大講堂  講義室  運動場  寄宿舍
學生會館  敎務處  企劃處  學生處

## 2. 문학과 역사

○ 文學　古典　作家　讀者　聽者　作品　主題　題材　意味　修辭　詩　小說　隨筆　戲曲　批評

○ 心象　象徵　逆說　反語　誇張　諷刺　諧謔　滑稽　譬喻　描寫　敍事　抒情　內包　外延　矛盾　類推　演繹　歸納　抽象

○ 國家　王朝　古朝鮮　高句麗　百濟　新羅　伽倻　渤海　高麗　朝鮮　大韓民國　三國遺事　三國史記　高麗史　朝鮮王朝實錄　東史綱目

○ 微視史　生活史　巨視史　民族主義　實證主義　帝國主義　社會主義　古代史　中世史　現代史

## 3. 정치와 법률

○ 立法  司法  行政  自然法  實定法  慣習法  成文法  大統領制  議員內閣制  地方議會  與黨  野黨

○ 國會議員  免責特權  彈劾訴追  國政監査  聽聞會  總選  補闕選擧  候補  公薦  不在者投票  保守  進步

○ 判事  檢事  辯護士  原告  被告  罪形法定主義  公開裁判主義  法律不遡及  一事不再理  令狀  棄却  訴訟

○ 拘束適不審  公訴時效  誣告罪  執行猶豫  保釋  赦免  公訴時效  假釋放  禁錮  犯則金  追徵金  過怠料

○ 懸賞手配  詐欺  恐喝  脅迫  竊盜  過失致死  正當防衛  加重處罰  斡旋收賂

## 4. 시장과 경제

○ 需要  供給  所得  分配  價格  賣買  費用  財貨
  資産  資本  負債

○ 資本主義  共産主義  市場經濟  計劃經濟
  國民總生産  經常收支  損益  赤字  黑字  換率
  貿易  關稅

○ 證券  株式  預金  積金  貯蓄  殘額  手票  私債
  計座移替  手數料  擔保  貸出  入札  競買  割賦
  償還  委託

○ 就業  失業  雇用  信用  階層  勞動  勞使  財閥
  企業  會社  家計

## 5. 과학과 기술

○ 物質  固體  液體  氣體  質量  熱量  求心  遠心
   收縮  膨脹  摩擦  燃燒  加速度

○ 氣壓  密度  眞空  波長  振幅  電氣  電壓  磁氣場
   漏電  核融合  微粒子

○ 超高速  情報  通信  放送  電話  畵像  尖端
   電算網  周波數  端末機  過負荷  回線

○ 宇宙  銀河系  太陽系  行星  地球  天王星
   海王星  恒星  流星  衛星

## 6. 보건과 의료

○ 保健　福祉　醫療　保險　衛生　疾患　免疫　保菌者
　　診察　檢診　調劑　處方　醫藥　韓方　鍼術

○ 疾病　腦卒中　憂鬱症　不眠症　癡呆　糖尿病
　　高血壓　痲痺　癌　腫瘍　中毒　毒感　傳染病　頭痛
　　齒痛　生理痛

○ 子宮　卵巢　排卵　受精　姙娠　分娩　帝王切開
　　陣痛　臍帶血　落胎　分娩　流産

○ 內科　外科　整形外科　産婦人科　皮膚科　泌尿器科
　　耳鼻咽喉科　神經精神科　再活醫學科

# 7. 생명과 환경

○ 生態　環境　動物　植物　形質　細菌　遺傳子
　染色體　胚芽　複製　組織　培養

○ 氣候　降雨　降雪　結氷　凝結　溫帶　亞熱帶　寒帶
　災害　寒害　旱害　酷寒　酷暑

○ 汚染　枯渴　斃死　地震　海溢　洪水　廢棄物　燃料
　燒却　埋立　再活用　從量制

○ 身體　生命　頭腦　心臟　胃臟　腎臟　盲腸　呼吸
　血液　赤血球　臟器　骨髓　關節

# 8. 예술과 체육

○ 藝術 鑑賞 展示 演奏 公演 協演 舞臺 演出
脚色 審美 演劇 映畵 韓流 亂打

○ 音樂 聲樂 器樂 管絃樂 交響樂 國樂 伽倻琴
牙箏 短簫 樂譜 旋律 音響 和聲 曲調 調律

○ 美術 繪畵 彫塑 工藝 陶瓷 書藝 水彩 油彩
水墨 印象派 點描派 立體派 野獸派 超現實主義

○ 選手 審判 勝負 射擊 拳鬪 跆拳道 柔道 卓球
野球 籠球 蹴球 排球

제3장

이야기 속의
한자어

# 1. 지혜가 담긴 고사성어

(1) 닭부리가 될지언정 쇠꼬리는 되지 말라

> 隔靴搔癢   結草報恩   鷄口牛後   鷄肋   矯角殺牛
> 巧言令色   口蜜腹劍   捲土重來   南橘北枳   囊中之錐
> 簞食瓢飮

**鷄口牛後**

戰國時代 중엽 東周의 도읍 洛陽에 蘇秦이란 縱橫家가 있었다. 그는 合縱策으로 立身할 뜻을 품고, 당시 최강국인 秦의 東進 정책에 戰戰兢兢하고 있는 韓·魏·趙·燕·齊·楚의 6국을 순방하던 중 한의 宣惠王을 알현하고 이렇게 말했다. "한은 지세가 견고한 데다 군사도 강병으로 알려져 있습니다. 그런데도 싸우지 않고 진을 섬긴다면 천하의 웃음거리가 될 것입니다. 게다가 진은 한 치의 땅도 남겨 놓지 않고 계속 국토의 할양을 요구할 것입니다. 하오니 이번 기회에 6국이 남북, 즉 세로[縱]로 손을 잡는 합종책으로 진의 동진책을 막고 국토를 보존하십시오. '차라리 닭의 부리가 될지언정 쇠꼬리는 되지 말라[寧爲鷄口 勿爲牛後]'는 옛말도 있지 않습니까." 선혜왕은 소진의 합종설에 전적으로 찬동했다. 이런 식으로 6국의 군왕을 설득하는 데 성공한 소진은 마침내 여섯 나라의 재상을 겸임하는 대정치가가 됐다.

### 鷄肋

　後漢 말 魏王 曹操는 대군을 이끌고 漢中으로 원정을 떠났다. 益州를 차지하고 한중으로 진출하여 漢中王을 일컫는 劉備를 치기 위해서였다. 유비의 군사는 諸葛亮의 계책에 따라 정면 대결을 피한 채 보급로 차단에만 주력했다. 배가 고파 도망치는 군사가 속출하자, 조조는 어느 날 全軍에 이런 명령을 내렸다. "鷄肋!" 모두들 영문을 몰라 어리둥절하고 있는데 主簿 벼슬에 있는 楊修만은 서둘러서 짐을 꾸리기 시작했다. 한 장수가 그 이유를 묻자 양수는 이렇게 대답했다. "닭갈비는 먹자니 먹을 게 별로 없고 버리자니 아까운 것이지요. 그런데 지금 전하께서는 한중 역시 그런 닭갈비 같은 땅으로 생각하고 撤軍을 결심하신 것이라오." 과연 조조는 며칠 후 한중으로부터 전군을 철수시키고 말았다.

### 捲土重來

　唐 말기의 시인 杜牧의 시 〈題烏江亭〉에 나오는 구절이다. 烏江은 楚覇王 項羽가 자결한 곳이다. 漢王 劉邦과 垓下에서 펼친 싸움에서 패한 항우는 오강으로 도망가 亭長으로부터 "江東으로 돌아가 재기하라."라는 권유를 받았다. 그러나 항우는 "8년 전 江東의 8천여 자제와 함께 떠난 내가 지금 혼자 무슨 면목으로 강을 건너 강동을 돌아가 부형을 대할 것인가."라고 대답하고, 마침내 31세의 젊은 나이에 스스로 목숨을 끊었다. 그로부터 천여 년이 지난 어느날 두목은 오강의 客舍에서, 강동의 부형에 대한 부끄러움을 참으면 강동은 준재가 많은 곳이므로 권토중래 할 수 있는 기회가 있었을 텐데도 그렇게 하지 않고 젊은 나이에 자결한 항우를 애석히 여기며 시를 읊었다. 시는 다음과 같다. "勝敗兵家不可期 包羞忍恥是男兒 江東子弟多才俊 捲土重來未可知"

囊中之錐

　전국시대 말엽 秦이 공격해오자 趙의 惠文王은 平原君을 楚에 보내어 구원군을 청하기로 했다. 20명의 수행원이 필요한 평원군은 그의 食客 중에서 19명은 뽑았으나 나머지 한 사람을 뽑지 못해 고심하고 있었다. 이때 毛遂라는 식객이 自薦하고 나섰다. 평원군이 물었다. "내 집에 온 지 얼마나 되었소?" "이제 3년이 됩니다." "재능이 뛰어난 사람은 숨어 있어도 주머니 속의 송곳[囊中之錐] 끝이 밖으로 나오듯이 남의 눈에 드러나는 법이오. 그런데 그대는 내 집에 온 지 3년이나 됐다는데 단 한 번도 이름이 드러난 적이 없지 않소?" "그건 나리께서 이제까지 저를 단 한 번도 주머니 속에 넣어주시지 않았기 때문이지요. 이번에 주머니 속에 넣어주시기만 한다면 끝뿐 아니라 자루[柄]까지 드러내 보이겠습니다." 이 대답에 크게 만족한 평원군은 모수를 수행원으로 뽑았다. 초에 도착한 평원군은 모수가 활약한 덕분에 國賓으로 환대받으면서 구원군도 쉽게 얻을 수 있었다.

### 관련된 고사성어 익히기

- 矯角殺牛 : 矯枉過直, 過猶不及, 見蚊拔劍
- 口蜜腹劍 : 面從腹背, 羊頭狗肉, 衒玉賈石, 表裏不同
- 捲土重來 : 死灰復燃
- 南橘北枳 : 橘化爲枳, 近墨者黑, 近朱者赤, 三遷之敎, 麻中之蓬
- 簞食瓢飮 : 安分知足, 安貧樂道

(2) 수레를 막아서는 사마귀

螳螂拒轍　麥秀之嘆　刎頸之交　反哺之孝　百年河淸
白眉　鵬程萬里　傷弓之鳥　塞翁之馬　宋襄之仁
首鼠兩端

### 螳螂拒轍

春秋時代 齊의 莊公이 수레를 타고 사냥터로 가던 도중 웬 벌레 한 마리가 앞발을 도끼처럼 휘두르며[螳螂之斧] 수레바퀴를 칠 듯이 덤벼드는 것을 보았다. "허, 맹랑한 놈이군. 저건 무슨 벌레인고?" 장공이 묻자 수레를 호종하던 신하가 대답했다. "사마귀라는 벌레입니다. 앞으로 나아갈 줄만 알지 물러설 줄은 모르는 놈인데, 제 힘도 생각지 않고 강적에게 마구 덤벼드는 버릇이 있습니다." 장공은 고개를 끄덕이고 이렇게 말했다. "저 벌레가 인간이라면 틀림없이 천하무적의 용사가 되었을 것이다. 비록 미물이지만 그 용기가 가상하니 수레를 돌려 피해가도록 하라."

### 傷弓之鳥

趙나라의 魏加와 楚나라의 春申君은 동맹을 맺고 강국인 진나라와 대결하고자 했다. 동맹 협상 중 초나라의 臨武君이 대장군으로 정해지자, 위가는 이를 탐탁지 않게 여겼다. 임무군은 진나라와의 전쟁에서 패한 적이 있는데 이후로는 진나라를 두려워한다는 말을 들었기 때문이다. 이에 위가는 춘신군에게 한 이야기를 들려주었다. "위나라에 활을 잘 쏘는 更贏이라는 사람이 왕과 함께 길을 걷고 있을 때, 날아가는 기러기들을 보고 자신이 활시위만 당겨도 기러기를 떨어뜨릴 수 있다고 하였습니다. 그러고는 빈 활의 시위를 당겼는데 과연 맨 뒤에서 날아가던 기러기한 마리가 땅에 떨어졌습니다. 왕이 놀라 그 연유를 물었더니 경영은 그 기러기가 지난 날 자신이 쏜 화살에 맞아 다친 적이 있는 기러기인지라, 활시위가 당겨지는 소리만 듣고도 그에 놀라 날아가려고 하다가 땅에 떨어진 것이라고 대답하였습니다. 그러므로 진나라와의 싸움에서 지고, 큰 두려움을 가지고 있는 임무군을 장군으로 임명하는 일은 타당하지 않습니다."라고 말했다. 이 이야기를 들은 춘신군은 고개를 끄덕였다.

### 刎頸之交

전국시대 趙에 藺相如라는 사람이 있었다. 秦에 가서 천하의 名玉인 和氏之璧을 되돌려온[完璧] 그 사람이다. 그는 빠른 시일에 승진해서, 조의 名將으로 유명한 廉頗보다 더 높아졌다. 염파는 분개하여 "놈을 만나면 망신을 주고 말 테다." 벼르고 별렀다. 이 말을 들은 인상여는 염파를 피했다. 병을 핑계 대고 조정에도 나가지 않았으며, 길에서도 염파가 보이면 옆길로 돌아가고는 했다. 그에게 실망한 부하가 작별 인사를 하러 왔다. 인상여는 이렇게 말했다. "진이 쳐들어오지 않는 것은 염파 장군과 내가 버티고 있기 때문일세. 이 두 호랑이가 싸우면 결국 모두 죽게 되지. 그래서 나라를 생각해서 염파 장군을 피하는 걸세." 이 말을 전해 들은 염파는 부끄러워 몸둘 바를 몰랐다. 그는 상반신을 발가벗고 荊杖을 짊어지고 인상여를 찾아가 사죄했다. 그 후 두 사람은 문경지교를 맺고 한마음 한뜻으로 나라를 지켰다.

### 宋襄之仁

춘추시대 宋은 크지 않은 나라였으나 襄公代에 이르러서 패권을 다투

어보려는 야심을 갖게 됐다. 한번은 楚와 泓水라는 강을 끼고 싸움을 벌이게 됐다. 그런데 양공은 초의 군대가 강을 건너오는데도 공격하지 않았다. 신하가 즉시 出征할 것을 건의했으나 양공은 남을 기습하는 것은 예의가 아니라며 듣지 않았다. 초의 군대가 강을 건너 진을 치느라고 법석을 떠는데도 양공은 여전히 인의를 내걸며 공격하지 않았다. 초의 군대가 진을 쳐놓고 공세를 펼치자 양공은 그제야 정정당당하게 출정 명령을 내렸다. 그러나 때는 이미 늦어 송의 군대는 대패했다. 양공도 다리에 상처를 입고 결국 이듬해 죽고 말았다.

### 관련된 고사성어 익히기

○ 刎頸之交 : 管鮑之交, 伯牙絶絃, 知音, 水魚之交, 莫逆之友, 金蘭之契, 竹馬故友, 肝膽相照, 膠漆之交

○ 反哺之孝 : 反哺報恩, 昏定晨省, 斑衣之戲, 風樹之嘆, 昊天罔極, 冬溫夏凊, 事親以孝

○ 白眉 : 群鷄一鶴, 出衆, 出群, 拔群, 絶倫, 壓卷, 鐵中錚錚

○ 傷弓之鳥 : 風聲鶴唳, 草木皆兵, 吳牛喘月

○ 塞翁之馬 : 榮枯盛衰, 轉禍爲福

○ 首鼠兩端 : 左顧右眄, 曖昧模糊, 優柔不斷

(3) 입술이 없어지면 이가 시린 법

菽麥不辨　脣亡齒寒　拈華微笑　吳越同舟　蝸角之爭
臥薪嘗膽　愚公移山　泣斬馬謖　切磋琢磨　井底之蛙

### 脣亡齒寒

춘추시대 말엽 쯤의 이웃에 虢과 虞라는 작은 나라가 있었다. 진은 괵을 공격하기 위해 우의 虞公에게 길을 빌려주면 명마와 보물을 주겠다고 했다. 우공이 그 제의를 받아들이려 하자 중신 宮之奇가 극구 말리며 말했다. "괵과 우는 한 몸이나 다름없는 사이입니다. 괵이 망하면 우도 망할 것입니다. 옛 속담에도 '입술이 없어지면 이가 시리다[脣亡齒寒]'란 말이 있습니다." 그러나 우공은 결국 진에 길을 내주고 말았다. 궁지기는 화가 미칠 것이 두려워 일가를 이끌고 우를 떠났다. 마침내 괵을 멸하고 돌아가던 진의 군대는 우를 공략하고 우공을 포로로 잡아갔다.

### 蝸角之爭

전국시대에 魏의 惠王과 齊의 威王이 맹약을 맺었는데 위왕이 배반했다. 혜왕이 그를 응징하려고 하자, 당시 재상인 惠施가 데려온 戴晉人이 이렇게 말했다. "전하, 달팽이를 아십니까?" "알다마다." "그 달팽이의 왼쪽 촉각 위에는 觸氏가 오른쪽 촉각 위에는 蠻氏가 살았는데 어느 날 그들이 서로 땅을 빼앗으려고 싸움을 벌였습니다. 그때 죽은 자가 수만 명에 이르렀고, 도망가는 적을 추격한 지 15일 만에 전쟁을 멈추었습니다." "그런 엉터리 이야기가 어디 있소?" "저 광활한 우주 속에 노니는 사람에게는 지상의 나라 따위는 있는 것도 같고 없는 것도 같은 하찮은 것입니다. 그 나라들 가운데 위가 있고, 위 안에 도읍이 있고, 그 도읍에 전하가 계시는 것입니다. 무궁한 우주에 비한다면, 달팽이 촉각 위의 촉씨, 만씨와 전하가 무엇이 다르겠습니까."

### 臥薪嘗膽

춘추시대 吳나라 왕 闔閭가 越나라 왕 勾踐과 싸우다가 적의 화살에 맞았는데 그 상처가 악화되어 목숨을 잃었다. 임종 때 합려는 태자인 夫差에게 반드시 원수를 갚으라고 유언했다. 왕이 된 부차는 복수를 다짐하며 섶 위에서 잠을 자며[臥薪] 은밀히 군사를 훈련시켰다. 이 사실을 알고 구천은 오나라를 선제 공격했으나 복수심에 불타는 오나라 군사에 대패하여 會稽山으로 도망갔다. 진퇴양난에 빠진 구천은 范蠡의 책략에 따라 오나라의 재상 伯嚭에게 뇌물을 준 뒤 부차에게 신하가 되겠다며 항복을 청했다. 이때 오나라의 중신 伍子胥가 후환을 남기지 않으려면 구천을 쳐야 한다고 간했으나 부차는 구천의 청을 받아들이고 귀국을 허락했다. 월나라에 돌아온 구천은 항상 곁에다 쓸개를 두고 그 쓴맛을 맛보며[嘗膽] 회계의 치욕[會稽之恥]을 상기했다. 마침내 구천은 오나라와 싸워 굴복시키고 부차를 대신하여 천하의 覇者가 됐다.

### 泣斬馬謖

三國時代 蜀의 諸葛亮이 魏의 군대와 대치하게 됐다. 제갈량은 우선 軍糧 輸送路의 요충지인 街亭을 수비하려고 했다. 그때 제갈량이 아끼는 장수 馬謖이 자원했다. 가정은 삼면이 절벽을 이룬 산이었다. 제갈량의 명령은 그 산기슭의 도로를 死守하라는 것이었으나 마속은 적을 유인해 역공할 생각으로 산 위에 진을 쳤다. 그러나 위의 군대는 산을 포위한 채 올라오지 않았다. 결국 마속은 참패하고 말았다. 제갈량은 전군을 후

퇴시키고 마속을 참형에 처하기로 했다. 주위에서 말리자, 제갈량은 "마속은 정말 아까운 장수요. 하지만 아끼는 사람일수록 가차 없이 처단하여 大義를 바로잡지 않으면 나라의 기강은 무너지는 법이오."라고 했다. 마속이 형장으로 끌려가자 제갈량은 소맷자락으로 얼굴을 가리고 마룻바닥에 엎드려 울었다.

### 관련된 고사성어 익히기

○ 拈華微笑 : 以心傳心, 心心相印, 不立文字, 敎外別傳

○ 脣亡齒寒 : 假途滅虢

○ 吳越同舟 : 同舟相救

○ 臥薪嘗膽 : 切齒腐心

○ 前覆後戒 : 不踏覆轍, 前車可鑑

○ 切磋琢磨 : 自强不息, 發憤忘食, 手不釋卷, 螢窓雪案, 走馬加鞭

(4) 병아리가 알을 깨고 나올 때는

衆口鑠金    啐啄同時    指鹿爲馬    靑出於藍    寸鐵殺人
兎死狗烹    破天荒    邯鄲之步    狐假虎威    畫龍點睛

啐啄同時

『碧巖錄』에 나오는 話頭이다. 어떤 수행자가 鏡淸 스님에게 이렇게 말했다. "저는 껍데기를 깨고 나가려는 병아리와 같으니 부디 스님께서 밖에서 껍데기를 쪼아주십시오[學人啐請師啄]" 줄탁은 병아리가 껍데기를 깨고 나올 때의 모습이다. 병아리가 밖으로 나오고자 하면 먼저 안에서 톡톡 쪼아야 한다. 그러면 어미닭이 때를 알고 밖에서 탁탁 쪼아서 마침내 껍데기를 깨뜨린다. 병아리가 부화하는 모습은 깨달음을 향해 정진해 나아가는 구도자와 같다. 구도자가 마음으로부터 치열한 자기계발과 수련을 할 때 훌륭한 스승이 있어 밖에서 도움을 주는 것이다.

指鹿爲馬

趙高는 始皇帝가 죽자, 거짓 조서를 꾸며 태자 扶蘇를 죽이고 어린 胡亥로 2세 황제를 삼았다. 그리고 경쟁 관계에 있던 승상 李斯를 비롯한 많은 신하들을 죽이고 승상의 자리에 올라 조정의 실권을 장악했다. 그는 자기에게 반대하는 신하들을 가려내기 위해서 호해에게 사슴을 바치면서 "이것은 말입니다."라고 했다. 신하들 중에는 "맞다"고 긍정하는 사람들이 많았고 "아니다"라고 부정하는 사람들도 있었다. 조고는 부정하는 사람들을 기억해두었다가 나중에 죄를 씌워 죽였다. 그 후 궁중에는 조고의 말에 반대하는 사람이 없었다.

### 兎死狗烹

漢의 劉邦은 천하를 통일한 뒤 韓信을 楚王으로 봉했으나 언젠가는 그가 자신에게 도전할 것을 염려했다. 마침 項羽의 장수였던 鐘離昧가 옛 친구인 한신에게 의탁하고 있었다. 유방은 일찍이 전투에서 종리매에게 괴로움을 당한 적이 있었는지라, 한신에게 그를 체포하라고 명령했다. 한신은 처음에는 따르지 않았으나 사태가 위급해지자 종리매의 목을 가지고 가서 유방에게 바쳤다. 그런데 유방은 그를 역적이라며 포박했다. 한신은 크게 분개하여 이렇게 말했다. "교활한 토끼가 죽으면 좋은 사냥개는 삶아 먹히고, 높이 나는 새가 다 잡히면 좋은 활은 곳간에 처박히며, 적국이 패망하면 모신도 버림을 받는다. 천하가 이미 평정되었으니 나도 마땅히 삶아 먹히겠구나|狡兎死良狗烹, 飛鳥盡良弓藏, 敵國破謀臣亡. 天下已定, 我固當烹."

### 畵龍點睛

남북조시대 梁에 張僧繇라는 화가가 있었다. 그는 金陵에 있는 安樂寺의 주지로부터 부탁을 받고 절의 벽에 용 두 마리를 그렸다. 그런데 이상하게도 눈동자를 그리지 않았다. 사람들이 까닭을 묻자 "눈동자를 그리면 용이 날아가버리기 때문이오."라고 대답했다. 사람들은 그 말을 믿지 않았다. 이에 장승요가 용 한 마리에 눈동자를 그려넣으니 갑자기 천둥이 울리고 번개가 치며 용이 벽을 차고 하늘로 올라가버렸다. 눈동자를 그리지 않은 용은 그대로 남아 있었다.

## 관련된 고사성어 익히기

○ 衆口鑠金 : 三人成虎

○ 靑出於藍 : 後生可畏

○ 寸鐵殺人 : 頂門一鍼

○ 兎死狗烹 : 甘呑苦吐

○ 破天荒 : 未曾有, 前代未聞, 前人未踏, 空前絶後, 濫觴, 嚆矢

○ 邯鄲之步 : 邯鄲學步

## 2. 유래가 숨 쉬는 한자어

(1) 동물의 속성에서 유래한 말

> **상상 속의 동물 狼狽**
>
> 狼과 狽는 이리의 한 종류이다. 낭은 앞발이 길고 뒷발은 짧은 반면 패는 앞발이 짧고 뒷발이 길다. 낭은 용맹하지만 지혜가 부족하고, 패는 지모가 뛰어나지만 겁이 많다. 둘은 한 몸처럼 함께 있어 앞뒷발의 균형을 맞추어 서로 도와야만 살아갈 수 있고 만일 호흡이 맞지 않으면 아무것도 할 수 없다.

**犧牲**

天地나 宗廟에 제사를 지낼 때 제물로 쓰는 살아 있는 소를 일컫는 말. 색이 순수한 것을 '犧'라고 하고, 죽여 제물로 삼는 것을 '牲'이라고 했다.

**猶豫**

猶는 원숭이이다. 의심이 많아서 작은 소리만 들려도 벼랑 위로 달아나거나 숲 속에 숨어버린다. 豫는 코끼리이다. 역시 의심이 많아서 개울을 건널 때도 해치는 무리가 없나 사방을 두리번거리다 끝내 건너지 못하기도 한다.

☞ 망설여 결행하지 않음, 시일을 늦춤

狼藉

이리의 잠자리. 이리는 자기 전에 장난을 너무 쳐서 자는 자리가 어지럽게 흐트러져 있다고 한다.

☞ 여기저기 흩어져 어지러움

### 관련된 한자어 익히기

猪突 狙擊 蟄居 秋毫 蠶食 蝟縮 反芻 驚蟄 逆鱗

(2) 역사와 전통이 있는 말

科擧 이야기

옛날 과거를 볼 때에 정사와 관련한 내용이나 유교 경전의 의미와 관련한 내용을 토대로 하여 문제를 내면 응시자가 그에 대한 자신의 대답을 쓰는 데 이를 對策이라 했다. 채점이 끝나면 후보자들 가운데 임금이 뽑고자 하는 사람에게 落點을 했고 이때 유력한 사람의 답안지를 맨 위에 올려 壓卷하게 했다. 급제자가 결정되면 榜을 걸어 명단을 발표하는데 이때 이름이 없으면 落榜(落第)한 것이었다. 한편 조선 후기에 오면 과거 시험에 온갖 부정행위가 난무하였으니 이를 비꼬아 亂場板이라고 했다.

社稷

社는 토지신. 稷은 곡식 신. 宗廟와 더불어 농경국가에서 가장 중요한 역할을 하는 신.
☞ 국가, 또는 국가의 기반

酬酌

酬는 주인이 손님에게 술을 따라 주는 것, 酌은 손님이 주인에게 술을 따라주는 것.
☞ 주인과 손님이 서로 술을 주고받으면서 다정한 말을 주고받는 일

秀優美良可

일제시대에 '甲乙丙丁'식으로 성적이 표시되다 해방 이후 바뀐 평가방

식. 90년대 중반까지 40여 년간 이어졌다.
☞ 빼어나고 우수하고 훌륭하고 뛰어나고 가능성이 있다는 뜻

### 관련된 한자어 익히기

名銜 未練 領袖 斟酌 菽麥 推敲 斷腸 總角 猖披 染病

(3) 불교에서 파생된 말

長廣舌

석가모니는 보통사람들과 다른 32가지의 신체적 특징이 있었는데 그중 하나가 길고 넓은 혀, 즉 長廣舌이었다. 그 혀가 얇고 부드러워 길게 내밀면 얼굴을 감싸고 혀끝은 귀털의 가장자리까지 닿았다고 한다. 이 때문에 본래 장광설은 석가의 훌륭한 설법을 의미했으나 후대에 와전되어 쓸데없이 장황하게 늘어놓는 말을 가리키게 됐다.

乾達

불교용어로 乾達婆를 지칭함. 수미산 남쪽 금강굴에 살며 제석천의 음악을 관장하는 神.
☞ 돈도 없으면서 아무 일도 하지 않고 게으름을 피우거나 無爲徒食하는 사람.

橫說竪說

橫은 가로를 나타내고, 竪는 세로를 뜻한다. 하지만 본래 횡설수설은 종횡무진으로 왔다갔다 하면서도 이치에 조금도 어긋나지 않는, 조리가 정연한 말을 뜻했다.
☞ 도무지 알아들을 수 없게 정신없이 떠드는 말.

言語道斷

절대적 깨달음의 세계. 언어에 의해서 표현할 수도, 사고로 생각하여 짐작할 수도 없다는 의미이다.

☞ 너무나 엄청나거나 기가 막혀서, 말로 나타낼 수가 없음

**관련된 한자어 익히기**

法席 無盡藏 焦眉 刹那 億劫 阿修羅 茶飯事 理判事判
餓鬼 獅子吼

(4) 사랑과 관련된 말

### 용모가 너무 빼어난 여인

송나라의 시인 蘇軾이 우연히 절에 들렀을 때 아름다운 여승을 보고 시를 지었다. "엉긴 우윳빛 같은 두 뺨과 옻칠한 것처럼 새까만 머릿결, 주렴 속으로 들어오는 눈빛은 주옥처럼 빛나네. 언제나 흰 비단으로 선녀의 옷을 지어 입고, 입술연지는 천연의 바탕을 더럽힌다 하여 바르지 않았구나. 애교 있는 오나라의 말씨는 어린아이처럼 앳된데, 한없이 배어나오는 근심스런 표정 도무지 알 수 없어라. 예부터 아름다운 여인은 대체로 운명이 기박하였나니[自古佳人多命薄], 봄이 다하고 버들개지 날려도 방 안에만 박혀 지내누나."

### 糟糠之妻

후한 때 청상과부가 된 光武帝의 누이가 청렴하기로 이름난 선비 宋弘에게 관심을 보이자 광무제는 슬쩍 송홍의 속마음을 떠보았다. 그러자 宋弘은 "가난하고 천했을 때의 친구는 잊어서는 안 되고 지게미[糟]와 쌀겨[糠] 먹으며 고생을 함께한 아내는 집에서 내보내지 않는다"는 대답으로 거절했다.

☞ 고생을 같이 해온 아내.

### 男女七歲不同席

『예기』「內則」에 나오는 말. 席은 蓆.

☞ 남자와 여자는 7세가 되면 이부자리를 같이하지 않는다는 뜻.

解語花

당나라 玄宗이 妃嬪과 궁녀들을 거느리고 연꽃을 구경하다가 楊貴妃를 가리켜 "연꽃의 아름다움도 말을 이해하는 이 꽃에는 미치지 못하리라"고 말했다.

☞ 미인을 가리키는 말이었지만 우리나라에서는 妓生의 뜻으로 쓰였다.

**관련된 한자어 익히기**

傾國之色 破鏡 比翼鳥 連理枝 葵心 偕老 琴瑟 未亡人 査頓 野合

## 3. 고전에 스며 있는 한자어

(1) 時調 3首

靑山은 어찌하여 萬古에 푸르르며
流水는 어찌하여 晝夜에 그치지 아니한가
우리도 그치지 말아 萬古常靑 하리라

李滉[1], 〈陶山十二曲〉

靑山裏 碧溪水야 수이 감을 자랑마라
一到滄海하면 돌아오기 어려우니
明月이 滿空山하니 쉬어간들 어떠리

黃眞伊[2]

---

1  李滉: 연산군 7년(1501)~선조 3년(1570). 자는 景浩, 호는 退溪. 시호는 文純. 朱子性理學을 완전하게 해석한 성리학의 대가로서 退溪學派의 시조가 됐다. 안동의 陶山에서 講學하며 聯詩調인 〈陶山十二曲〉을 지어 아이들에게 가르쳤다. 학문과 시문에 모두 빼어났다. 저서로 『易學啓蒙傳疑』・『聖學十圖』・『退溪先生文集』 등이 전한다.
2  黃眞伊: 생몰년 미상. 15세기 기녀 출신의 여성 시인이자 시조 작가. 〈청산리 벽계수야〉・〈동짓달 기나긴 밤을〉・〈산은 옛산이로되〉・〈어져 내일이여〉 등의 시조를 지었으며, 〈朴淵〉・〈詠半月〉 등의 漢詩를 남겼다. 시조의 수준을 끌어올린 인물로 높이 평가되고 있다.

窓밖이 워석버석 님이신가 일어나 보니

蕙蘭 蹊徑에 落葉은 무슨 일인고

어즈버 有限한 肝腸이 다 끊길까 하노라

申欽[3]

---

3   申欽: 명종 21년(1566)~인조 6년(1628). 자는 敬叔, 호는 玄軒 또는 象村. 시호는 文貞. 조선중기 漢文 四大家 중의 한 사람으로 특히 산문을 잘 지었다. 임진왜란과 병자호란을 겪으며 국가의 안위를 지키는 데 이바지했다. 시문은 물론 시조에서도 뛰어난 역량을 발휘했다. 저서로『野言』·『象村集』등이 전한다.

### (2) 뎬동어미花煎歌[1]

앉아 울던 靑春寡婦 晃然大覺 깨달아서
뎬동어미[2] 말 들으니 말씀마다 箇箇 옳다
이내 愁心 풀어내어 이리저리 부쳐보세
二八靑春 이내 마음 봄春字로 부쳐두고
花容月態 이내 얼굴 꽃花字로 부쳐두고
술술 나오는 이내 한숨은 細雨春風 부쳐두고
밤이나 낮이나 숫한 愁心은 우는 새가 가져가게
一寸肝腸 쌓인 근심 桃花流水로 씻어볼까
千萬疊이나 쌓인 시름 웃음 끝에 하나 없네
九曲肝腸 깊은 시름 그 말끝 끝에 슬슬 풀어
三冬雪寒 쌓인 눈이 봄春字 만나 슬슬 녹네
자네 말은 봄春字요 내 생각은 꽃花字라
봄춘者 만난 꽃花字요 꽃花字 만난 봄春字라
얼씨구나 좋을시고 좋을시고 봄春字
花煎놀음 봄春字 봄春字 노래 들어보소 (중략)

1 뎬동어미花煎歌: 삼월 삼짇날이나 淸明節 등 날씨 좋은 봄날을 택해 부녀자들이 꽃놀이를 나가 노니는 것을 화전놀이라 하는데 이때 부른 여성들의 歌辭를 화전가라 한다. 비참한 삶을 이겨낸 뎬동어미가 막 靑裳寡婦가 된 여인을 위로하며 자신의 인생 역정을 이야기해주고 마침내 함께 어울려 노는 과정을 노래한 작품이 〈뎬동어미화전가〉이다. 해당 지문은 뎬동어미와 청상과부가 마음을 열고 화전놀이를 함께 즐기는 결말부에 속한다.
2 뎬동어미: 불에 타서 뎬동이가 된 아들을 둔 엄마라는 뜻. 〈뎬동어미화전가〉의 주인공으로서 불행하고 처참한 삶을 겪었으나 이를 극복해낸 하층 여성 인물.

어여쁠사 少娘子가 衣服 端裝 옳게 하고
방긋 웃고 썩 나서며 좋다 좋다 좋을시고
잘도 하네 잘도 하네 봄春字 노래 잘도 하네
봄春字 노래 다 했는가 꽃花字 打令 내가 함세
花水東流 흐른 물에 滿面愁心 洗手하고
꽃花字 얼굴 端裝하고 半만 웃고 돌아서니
앞으로 보나 뒤로 보나 온 精神이 꽃花字라
꽃花字 같은 이 사람이 꽃花字 他領 하여보세

### (3) 烈女春香守節歌

　　山川景槪 둘러보니 盤松 솔 떡갈 잎은 春風에 너울너울, 瀑布流水 시냇가에 溪邊花는 벙긋벙긋, 落落長松은 鬱鬱하고 綠陰芳草勝花[1]時라. 碧桃花枝 滿發한데 別有乾坤 여기로다.

　　欄干에 앉아 어느 한 곳을 바라보니, 어떤 一美人이 봄 새 울음 한가지로, 온갖 春情 다 못 이겨 杜鵑花도 질끈 꺾어 머리에도 꽂아 보고, 玉手 羅衫 半만 걷고 靑山流水 흐르는 물에 손도 씻고 발도 씻고, 물도 머금어 이를 씻고 조약돌 주워 꾀꼬리 戲弄하고, 버들잎도 주루룩 훑어 물에도 훨훨 흘려보네. 白雪 같은 흰 나비는 곳곳마다 춤을 추고, 黃金 같은 꾀꼬리는 숲숲이 날아들어 온갖 노래 다 할 적에,

　　춘향이 거동 보소, 春興을 못 이겨 鞦韆을 하려 하고, 軟熟麻[2] 鞦韆[3] 줄을 垂楊 버들 上上枝에 칭칭 얽어 감아 매고, 細柳 같은 고운 몸을 端整히 놀릴 적에, 靑雲 같은 고운 머리 반달 같은 참빗으로 어리 설설 흘려 빗고, 鞦韆 줄을 갈라 잡고 白綾 버선 두 발길로 살짝 올라 발구를 제, 한 번 굴러 힘을 주며 두 번 굴러 통통 차니, 半空에 훌쩍 솟으니 仙女가 따로 없다.

　　李道令 정신이 어찔하여 眼境이 稀微하여 房子 불러 이른 말이, "저 건너 花柳間에 아른아른 하는 게 무엇이냐?"

---

1　綠陰芳草勝花時: 짙푸른 녹음과 어여쁜 풀이 꽃보다 더 곱다는 뜻.
2　軟熟麻: 연하게 쪄서 만든 삼줄.
3　鞦韆: 그네.

### (4) 유한(悠閑)한 시간

윤오영(尹五榮)[1]

달밤에 홀로 대밭에 앉아 거문고를 타던 왕마힐(王摩詰)[2]의 유한(幽閒), 울밑에서 국화를 캐다가 하염없이 남산을 바라보고 섰는 도연명의 유한, 이것은 나로서는 엿볼 수 없는 경지(境地)다. 천파만랑(千波萬浪)의 바닥에 깔린 해저(海底)의 정적(靜寂)이 곧 이것이랄까.

내 일찍이 서해안에서 달포를 머문 적이 있었다. 산악(山嶽)같이 몰려오는 물결, 금옥(銀玉)같이 흩어지는 물거품, 성난 고래같이 품는 격랑(激浪), 호탕(浩蕩)하고 장쾌(壯快)한 것은 격동(激動)의 바다요, 로맨틱하고 분방(奔放)한 것은 광란(狂瀾)의 해양(海洋)이라고 생각해 왔었다. 그러나 그제 와 보니 단조(單調)한 것이 바다요, 고요한 것이 바다였었다. 더욱이 천심(千尋) 해저의 깊은 정적, 나는 여기서 비로소 만고(萬古)의 정적을 안고 한 줄기 떨어지는 눈물을 금(禁)할 수 없었다. 역시 바다는 유한했다.

"천지의 유유함을 생각노라니, 홀로 구슬퍼져서 눈물 흘리네.[念天地之悠悠 獨愴然而淚下]"라는 그 눈물도 유한의 절정(絶頂)에서 오는 감격의 눈물이었을 것이다.

『곶감과 수필』

---

1 尹五榮: 1907~1976. 수필가. 주요 작품으로 〈양잠설〉·〈부끄러움〉·〈온돌의 정〉·〈마고자〉 등이 있다. 한국적인 정서와 동양 고전의 바탕에서 우러난 간결하고 절제된 문체와 빼어난 시각적 이미지를 사용함으로써 서정적이고 여백의 함축미가 돋보이는 작품세계를 이루었다고 평가된다.
2 王摩詰: 당나라의 시인 王維의 字.

제3편

# 고전의 이해와 감상

제1장 학문의 도, 선비의 자세
제2장 사람 이야기, 사는 이야기
제3장 자연, 서정과 흥취의 세계
제4장 역사와 시대를 생각하며

제1장

―

학문의 도,
선비의 자세

## 擊蒙要訣序

李珥[1]

人生斯世, 非學問, 無以爲人. 所謂學問者, 亦非異常別件物事也. 只是爲父當慈, 爲子當孝, 爲臣當忠, 爲夫婦當別, 爲兄弟當友, 爲少者當敬長, 爲朋友當有信, 皆於日用動靜之間, 隨事各得其當而已, 非馳心玄妙, 希覬奇效者也.

但不學之人, 心地茅塞[2], 識見茫昧. 故必須讀書窮理, 以明當行之路, 然後造詣得正而踐履得中矣. 今人不知學問在於日用, 而妄意高遠難行. 故推與別人, 自安暴棄, 豈不可哀也哉?

『擊蒙要訣』

---

1 李珥: 중종 31년(1536)~선조 17년(1584). 〈東湖問答〉과 〈萬言封事〉·〈聖學輯要〉 등을 지어 국정 전반에 관한 개혁안을 왕에게 제시했으며 파주 율곡리로 낙향하여 교육과 교화 사업에 종사하면서 『擊蒙要訣』을 저술했다. 〈時務六條〉를 지어 바치는 한편 경연에서 '십만양병설'을 주장했으나 여의치 않자 48세 때 관직을 버리고 낙향했다. 우리나라의 18대 名賢 가운데 한 명으로 文廟에 배향됐다. 저서에 『율곡전서』가 있다.
2 茅塞: 길이 띠풀 때문에 막혔다는 뜻으로, 마음이 욕심 등 外物에 가려진 것을 비유, 또는 어리석고 무지한 것에 대한 겸사로도 쓰인다.

# 君子與小人

孔子[1]

君子懷德, 小人懷土, 君子懷刑, 小人懷恩. (里仁)

君子喩於義, 小人喩於利. (里仁)

君子坦蕩蕩[2], 小人長戚戚[3]. (述而)

君子成人之美, 不成人之惡, 小人反是. (顏淵)

君子和而不同, 小人同而不和. (子路)

君子泰而不驕, 小人驕而不泰. (子路)

君子易事而難說也. 說之不以道, 不說也. 及其使人也, 器之. 小人難事而易說也. 說之雖不以道, 說也. 及其使人也, 求備焉. (子路)

---

1   孔子: 기원전 551~479. 중국 春秋時代 魯나라 사람. 儒家의 교조이다. 이름은 丘, 자는 仲尼. 노나라에서 벼슬을 하다가 사직하고 여러 나라를 두루 돌아다니며 道를 행하려 했으나 쓰이지 않아 노나라로 돌아와 詩·書·禮·樂·易·春秋 등 六經을 刪述했다.
2   蕩蕩: 너그럽고 넓은 모양.
3   戚戚: 걱정스럽고 근심이 많은 모양.

君子求諸己, 小人求諸人. (衛靈公)

君子有三畏, 畏天命, 畏大人, 畏聖人之言. 小人不知天命而不畏也, 狎大人, 侮聖人之言. (季氏)

『論語』

## 送僧之楓嶽

成石璘[1]

一萬二千峯　　　高低自不同

君看日輪上　　　高處最先紅

『獨谷先生集』

---

1　成石璘: 고려 충숙왕 7년(1338)~세종 5년(1423). 자는 自脩, 호는 獨谷. 시호는 文景. 조선의 개국을 반대하는 입장에 있었으나 후에 領議政을 지냈다. 시문과 서예에 빼어났다. 저서로 『獨谷集』이 전한다.

# 送申文初¹遊金剛山序

李用休²

　　山以名高, 車馬沓至, 塵穢日積. 丁酉³秋八月, 天大下雨一洗之, 本相乃見. 士有文而好奇者, 申文初聞而往焉. 譬之於人, 前之所見者, 卽其病貌垢面也, 今則盥沐改容, 以肅客之時, 而文初適當焉, 幸矣. 文初之東遊, 乃値國內中式擧人⁴赴試之日⁵, 此又仙凡⁶分路處也.

『惠寰雜著』

1  申文初: 본명은 申光河. 영조 5년(1729)~정조 20년(1796). 자는 文初, 호는 震澤. 조선의 산천을 유람하기를 좋아했으며 가는 곳마다 기행을 바탕으로 한 시문을 남겼다. 시문의 능력이 빼어났으나 번번이 考試官이 落榜을 시켰으므로 1777년에는 科擧 시험을 포기하고 金剛山으로 여행을 떠났다. 저서로『震澤文集』이 전한다.
2  李用休: 숙종 34년(1708)~정조 6년(1782). 조선 후기의 문인. 자는 景命, 호는 惠寰. 茶山 丁若鏞이 "30년 동안 在野에서 文衡의 역할을 맡았다."고 할 만큼 문학에 뛰어났던 문인이다. 벼슬에 나아가지 않았으며 평생 동안 시문의 창작에 주력했다. 저서로『惠寰居士詩集』와『惠寰雜著』등이 전한다.
3  丁酉: 정조 1년(1777).
4  中式擧人: 자격을 갖추어 과거에 응시할 수 있는 사람.
5  赴試之日: 과거 시험에 나아가는 날.
6  仙凡: 신선같이 남다른 인물과 평범한 사람.

## 無題

金三宜堂[1]

幼而能好學　　　壯而能行之

積中必形外　　　何患人不知

『三宜堂集』

---

1　金三宜堂: 영조 45년(1769)~? 전라도 남원 출생. 같은 고을의 河룡과 결혼하여 남편의 과거 공부를 뒷바라지했다. 詩文을 익혀 남편과 왕래한 글이 많다. 1930년에 『三宜堂集』이 간행되어 지금까지 전한다.

## 送金性原宰江東縣序

洪吉周[1]

　　天下之人, 無可與讀書者, 天下之人, 無不可與讀書者. 詩書六藝古作者, 皆逝矣, 我之有契於書, 將誰與語諸! 故曰, 天下之人, 無可與讀書. 然彼山之樵野之農, 衒市之賈儈, 其人或不識一字, 又未嘗與我有一言之素也, 遇而視其爲, 則目之所遊, 足之所循, 手之所携, 口之所發, 凡天下日用彝倫[2]人情之善惡, 與夫星辰風雨山川林澤煙雲鳥獸之變, 雜然往復于其間. 蓋其聲音狀貌, 莫非天下之至文, 而吾皆得以讀之. 故曰, 天下之人, 無不可與讀書.

『沆瀣丙函』

1　洪吉周: 정조 10년(1786)~헌종 7년(1841). 자는 憲仲, 호는 沆瀣子. 본관은 豊山. 洪奭周의 아우. 24세에 생원·진사에 합격, 20세 미만에 문장에 통하여 經傳에 통달하였으나 과거에 뜻이 없어서 평생 과장에 나가지 않았다. 문장에 뛰어났으며 저서에 『峴首甲藁』·『縹礱乙幟』·『沆瀣丙函』·『孰遂念』 등이 있다.
2　彝倫: 인간으로서 지켜야 할 떳떳한 도리. 人倫. 倫理.

# 偶成

朱熹[1]

少年易老學難成　　一寸光陰不可輕

未覺池塘春草夢　　階前梧葉已秋聲

『朱文公文集』

---

1　朱熹: 1130~1200. 중국 남송의 유학자. 자는 元晦·仲晦, 호는 晦庵·晦翁·雲谷山人·滄洲病叟·遯翁. 주자학을 집대성했다. 저서에는 문집인 『朱文公文集』과 사서를 주석 편찬한 『四書集注』, 그리고 문인과의 평생문답을 수록한 『朱子語類』 등이 있다.

## 看書痴傳

李德懋[1]

木覓山[2]下, 有痴人, 口訥不善言, 性懶拙, 不識時務, 奕棋尤不知也. 人辱之不辨, 譽之不矜, 惟看書爲樂, 寒暑飢病, 殊不知.

自塗鴉之年, 至二十一歲, 手未嘗[3]一日釋古書. 其室甚小, 然有東牕, 有南牕, 有西牕焉. 隨其日之東西, 受明看書. 見未見書, 輒喜而笑, 家人見其笑, 知其得奇書也. 尤喜子美[4]五言律, 沉吟如痛疴, 得其深奧, 喜甚, 起而周旋[5], 其音如鴉叫. 或寂然無響, 瞠然[6]熟視, 或自語如夢寐, 人目之爲看書痴, 亦

---

1 李德懋: 영조 17년(1741)~정조 17년(1793). 조선후기의 학자. 자는 懋官, 호는 雅亭·靑莊館. 서얼 출신. 정조가 奎章閣을 설치, 檢書官을 등용할 때 발탁되어 서적의 편찬 교감에 참여했다. 문집『雅亭遺稿』와『紀年兒覽』·『士小節』등이 있다. 뒤에 아들이 저서들을 모아『靑莊館全書』로 간행했다.
2 木覓山: 남산의 별칭.
3 未嘗: 일찍이 ~한 적이 없다.
4 子美: 중국 당나라의 시인 杜甫의 자.
5 周旋: 이리저리 왔다갔다 하다.
6 瞠然: 눈을 휘둥그레 뜨고 똑바로 보는 모습.

喜而受之. 無人作其傳, 仍奮筆書其事, 爲看書痴傳. 不記其 名姓焉.

『靑莊館全書』

# 伽倻山讀書堂[1]

崔致遠[2]

狂奔疊石吼重巒　　人語難分咫尺間

常恐是非聲到耳　　故敎[3]流水盡籠山

『孤雲先生文集』

---

1　題伽倻山讀書堂: 伽倻山은 경남 합천의 해인사를 감싸고 있는 산. 그 안에 독서당이라는 암자가 있었다.
2　崔致遠: 신라 헌안왕 1년(857)~? 신라 말 六頭品 출신의 학자·문인. 본관은 慶州. 자는 孤雲·海雲. 唐에 유학하여 賓貢科에 급제하고, 〈討黃巢檄文〉을 지어 文名을 떨쳤다. 귀국한 뒤 여러 곳의 태수를 역임하고 정세에 시급한 時務策을 올렸으나 시행되지 못했고, 세상을 등지고 유랑하다 伽倻山 海印寺에서 생을 마쳤다고 한다. 저서에 『桂苑筆耕』20권 등이 있다. 뒤에 文昌候에 追封됐다.
3　故敎: 일부러 ~로 하여금.

# 師說

韓愈[1]

古之學者必有師, 師者, 所以傳道授業解惑也. 人非生而知之者[2], 孰能無惑? 惑而不從師, 其爲惑也, 終不解矣.

生乎吾前, 其聞道也, 固先乎吾, 吾從而師之, 生乎吾後, 其聞道也, 亦先乎吾, 吾從而師之. 吾師道也, 夫庸[3]知其年之先後生於吾乎? 是故無貴無賤, 無長無少, 道之所存, 師之所存也.

嗟乎! 師道之不傳也, 久矣, 欲人之無惑也, 難矣. 古之聖人, 其出人[4]也遠矣, 猶且從師而問焉, 今之衆人, 其下聖人也,

---

1 韓愈: 768~824. 중국 당나라 때의 문인. 자는 退之. 시호는 文公. 昌黎 출신이라 하여 '창려선생'으로도 불린다. 道佛 사상을 극렬히 배격하고 유가사상을 주장했으며 六朝시대 이래 유행해온 화려한 騈儷文에 반대하고 질박한 문장을 주장하면서 古文 運動을 창도했다. 唐宋八大家의 한 사람이다.
2 生而知之者: 태어나면서부터 아는 사람. 공자가 "나는 나면서부터 아는 자가 아니니 옛것을 좋아하면서 민첩하게 이를 구하는 자이다[我非生而知之者, 好古敏以求之者也.]"(『論語』)라고 한 데서 나왔다.
3 庸: 어찌 ~하겠는가?
4 出人: 出衆. 남보다 뛰어나다는 뜻.

亦遠矣, 而恥學於師. 是故, 聖益聖, 愚益愚. 聖人之所以爲聖, 愚人之所以爲愚, 其皆出於此乎!

愛其子, 擇師而敎之, 於其身也, 則恥師焉, 惑矣. 彼童子之師, 授之書而習其句讀者也, 非吾所謂傳其道解其惑者也. 句讀[5]之不知, 惑之不解, 或師焉, 或不焉, 小學而大遺, 吾未見其明也. 巫醫樂師百工之人, 不恥相師, 士大夫之族, 曰師曰弟子云者, 則群聚而笑之. 問之則曰, "彼與彼, 年相若也, 道相似也." 位卑則足羞, 官盛則近諛. 嗚呼! 師道之不復, 可知矣. 巫醫樂師百工之人, 君子不齒, 今其智乃反不能及, 其可怪也歟!

聖人無常師. 孔子師郯子,[6] 萇弘[7] 師襄[8] 老聃[9], 郯子之徒, 其賢不及孔子. 孔子曰, "三人行, 則必有我師." 是故, 弟子不必不如師, 師不必賢於弟子. 聞道有先後, 術業有專攻, 如是而已.

---

5 句讀: 읽기 편하기 하기 위해 숨을 쉬거나 끊어 읽는 곳.
6 郯子: 중국 춘추시대 郯나라의 임금. 공자가 그에게서 관직에 대해 배웠다고 한다 (『左傳』).
7 萇弘: 중국 周나라의 대부. 공자가 그에게서 음악을 배웠다고 전한다(『禮記』).
8 師襄: 중국 춘추시대 魯나라의 악관. 공자가 그에게서 거문고를 배웠다고 한다(『孔子世家』).
9 老聃: 도가의 시조로 알려져 있는 老子. 공자가 그에게서 禮를 배웠다고 한다(『孔子家語』).

李氏子蟠<sup>10</sup>, 年十七. 好古文<sup>11</sup>, 六藝經傳<sup>12</sup>皆通習之, 不拘於時, 請學於余. 余嘉其能行古道, 作師說以貽之.

『昌黎先生集』

---

10　李氏子蟠: 李蟠. 당나라 貞元年間에 진사에 급제했고 한유에게서 배웠다.
11　古文: 당시 크게 유행하던 장식적인 문장과 달리 질박하고 효율적인 의사 전달을 중시하던 문장이다. 주로 先秦과 漢代 이전의 글을 모범으로 삼았기 때문에 古文이라 불린다.
12　六藝經傳: 六藝는 詩·書·易·禮·春秋·樂 등 六經을 말한다. 經은 육경의 본문이고 傳은 경의 의미를 해석한 주석이다.

# 器物銘 2篇

一日之節在器 百年之節在志

器濫則出 志荒則醉

丁若鏞[1], 〈觚銘[2]〉

着屨安 着屐危

與其安而放心也 寧危而自持

俞莘煥[3], 〈穉子屐銘[4]〉

1 丁若鏞: 영조 38년(1762)~헌종 2년(1836). 자는 美鏞·頌甫. 호는 茶山·與猶堂. 시호는 文度. 사실적이며 애국적인 많은 작품을 남겼고, 한국의 역사·지리 등에도 특별한 관심을 보여 주체적 사관을 제시했으며, 합리주의적 과학 정신으로 서양의 과학 지식을 도입했다. 저서에 『丁茶山全書』가 있고 그 속에 『牧民心書』·『經世遺表』·『欽欽新書』등이 실려 있다.
2 觚銘: 큰 술잔에 새긴 짧은 글.
3 俞莘煥: 순조 1년(1801)~철종 10년(1859). 자는 景衡, 호는 鳳棲, 시호는 文簡. 성리학에 밝았으며 강학과 교육에 힘써 金允植 등의 제자를 길러냈다. 저서로 『鳳棲集』·『浿東粹言』·『東儒淵源』등이 전한다.
4 屐銘: 나막신에 새긴 짧은 글.

# 愛蓮說

周敦頤[1]

水陸草木之花, 可愛者甚蕃. 晉陶淵明[2], 獨愛菊, 自李唐[3]來, 世人甚愛牧丹. 予獨愛蓮之出於淤泥[4]而不染, 濯淸漣[5]而不夭. 中通[6]外直, 不蔓不枝, 香遠益淸, 亭亭[7]淨植, 可遠觀而不可褻翫[8]焉. 予謂菊花之隱逸者也, 牧丹花之富貴者也, 蓮花之君子者也. 噫! 菊之愛, 陶後鮮有聞, 蓮之愛, 同予者, 何人? 牧丹

---

1   周敦頤: 1017~1073. 중국 북송의 유학자. 자는 茂叔, 호는 濂溪. 도가사상의 영향을 받고 송대 理學을 창도했으며 문학사상 면에서는 文以載道를 주장했다. 그 사상은 程顥·程頤·朱熹 등에게 전해서 송내 성리학의 기틀을 마련했다. 저서로 『周子全書』와 『太極圖說』·『通書』 등이 있다.
2   陶淵明: 365~427. 중국 東晉의 시인. 이름은 潛. 자는 淵明·元亮. 잠시 벼슬살이를 했으나 전원에 은퇴하여 직접 농사지으며 살았다. 平淡한 풍격의 작품을 많이 지었고 특히 국화를 좋아하여 시의 소재로 자주 취택했다. 주요 작품으로 〈五柳先生傳〉·〈桃花源記〉·〈歸去來辭〉 등이 있다.
3   李唐: 중국 당나라를 말한다. 왕조의 성이 '李'이므로 그렇게 말한 것이다.
4   淤泥: 진흙. 흙탕.
5   淸漣: 맑고 잔잔한 물결.
6   中通: 속이 비어 있음.
7   亭亭: 우뚝 솟은 모양.
8   褻翫: 가까이 두고 완상함.

之愛, 宜乎衆矣.

『古文眞寶』

## 제2장

## 사람 이야기, 사는 이야기

## 養親與養兒

　富貴養親易, 親常有未安, 貧賤養兒難, 兒不受饑寒. 一條心兩條路, 爲兒終不如爲父. 勸君養親如養兒, 凡事莫推家不富.

　養親, 只二人, 常與兄弟爭, 養兒, 雖十人, 君皆獨自任. 兒飽暖親常問, 父母饑寒不在心. 勸君養親, 須竭力. 當初衣食, 被君侵.

『明心寶鑑』

## 寄家書

李安訥[1]

欲作家書說苦辛　　恐敎[2]愁殺白頭親

陰山[3]積雪深千丈　　却報今冬暖似春

『東岳集』

1　李安訥: 선조 4년(1571)~인조 15년(인조 15). 본관은 德水, 자는 子敏, 호는 東岳. 시호는 文惠. 조선중기의 시단을 대표하는 걸출한 시인으로, 두보의 시를 만 번이나 읽었다고 한다. 여러 관직을 역임하며 임진왜란과 병자호란의 참상을 시로써 증언했다.
2　恐敎: ~하게 할까 두려워하다.
3　陰山: 음산한 산. 여기서는 북쪽 국경에 있는 추운 산을 뜻한다.

# 揠苗助長

孟子

宋人有閔其苗之不長而揠之者, 芒芒然[1]歸, 謂其人曰, "今日病矣. 予助苗長矣." 其子趨而往視之, 苗則槁矣. 天下之不助苗長者, 寡矣. 以爲無益而舍之者, 不耘苗者也, 助之長者, 揠苗者也, 非徒[2]無益而又害之.

『孟子』

1 芒芒然: 지쳐 피곤한 모습.
2 非徒: 단지 ~일 뿐 아니라.

## 七步詩

曹植[1]

煮豆燃豆萁　　豆在釜中泣

本是同根生　　相煎何太急

『古文眞寶』

---

1  曹植: 192~232. 중국 三國時代 魏나라의 시인. 자는 子建. 부친 曹操(武帝), 형 曹丕(文帝)와 함께 시문에 뛰어나 '三曹'로 칭송됐다. 그러나 형과 태자 계승 문제로 암투했고, 형이 즉위한 뒤로 불우하게 살았다. 형제의 불화를 노래한 〈七步詩〉가 있고, 문집으로『曹子建集』이 있다.

# 性惡說

荀子[1]

　　人之性惡, 其善者僞也. 今人之性, 生而有好利焉, 順是, 故爭奪生而辭讓[2]亡焉. 生而有疾惡焉. 順是, 故殘賊生而忠信亡焉. 生而有耳目之欲, 有好聲色焉, 順是, 故淫亂生而禮義文理亡焉. 然則從人之性, 順人之情, 必出於爭奪, 合於犯分[3]亂理, 而歸於暴. 故必將有師法之化, 禮義之道, 然後出於辭讓, 合於文理, 而歸於治. 用此觀之, 然則人之性惡明矣, 其善者僞也.

『荀子』

---

1　荀子: 기원전 298~238. 중국 戰國時代의 유가 사상가. 이름은 況, 자는 荀卿. 맹자와 함께 공자의 사상을 이론적으로 체계화했다. 그러나 순자는 맹자와 달리 인간의 본성을 악한 것으로 보고 禮治論을 주장했다. 저서에 『荀子』가 있다.
2　辭讓: 겸손하게 예를 갖추고 미루고 양보하는 것. 사양하는 마음은 예의 시초가 된다.
3　犯分: 계급과 명분의 정해진 분수를 벗어나는 것을 이름.

## 撲棗謠[1]

李達[2]

隣家小兒來撲棗　　老翁出門驅小兒

小兒還向老翁道　　不及明年棗熟時

『蓀谷詩集』

---

1　撲棗謠: 대추를 후려 따는 장면에 대한 노래.
2　李達: 명종 16년(1561)~광해군 10년(1618). 조선중기의 대표적인 시인. 字는 益之, 호는 蓀谷. 朴淳의 문인. 崔慶昌・白光勳과 함께 三唐詩人으로 불렸다. 許筠에게 많은 영향을 주었다. 허균의 〈蓀谷山人傳〉이 바로 그에 관한 글이다. 저서에 『蓀谷詩集』이 있다.

# 延烏郎 細烏女

一然[2]

第八阿達羅王卽位四年丁酉, 東海濱有延烏郎細烏女, 夫婦而居. 一日延烏歸海採藻, 忽有一巖, 負歸日本. 國人見之曰, "此非常人也." 乃立爲王. 細烏怪夫不來, 歸尋之, 見夫脫鞋, 亦上其巖, 巖亦負歸如前. 其國人驚訝[3], 奏獻於王. 夫婦相會, 立爲貴妃.

是時, 新羅日月無光, 日者奏云, "日月之精, 降在我國, 今去日本, 故致斯怪." 王遣使求二人. 延烏曰, "我到此國, 天使然也. 今何歸乎? 雖然, 朕之妃有所織細綃, 以此祭天, 可矣."

---

1 延烏郎 細烏女: 신화의 흔적을 갖춘 우리나라의 日月 설화. 본래 박인량의 『殊異傳』에 전하던 것인데 고려 때 『삼국유사』에 채록됐다. 日本史에 전하는 신라 왕자 天日槍의 史話와 비슷하다.

2 一然: 고려 희종 2년(1206)~충렬왕 15년(1289). 고려후기의 승려·학자. 속성은 金, 자는 一然, 호는 無極, 시호는 普覺이다. 雲門寺 주지가 되어 왕에게 법을 강론했고, 國尊으로 추대됐다. 삼국의 遺事를 모은 역사서 『三國遺事』를 지었다.

3 驚訝: 놀랄 만큼 이상하고 의아하게 여기다.

仍賜其綃. 使人來奏, 依其言而祭之, 然後日月如舊. 藏其綃於 御庫, 爲國寶, 名其庫爲貴妃庫, 祭天所名迎日縣, 又都祈野.

『三國遺事』

## 征婦怨[1]

鄭夢周[2]

一別年多消息稀　　塞垣存歿有誰知

今朝始寄寒衣去　　泣送歸時在腹兒

『圃隱先生文集』

---

1　征婦怨: 남편을 군대에 보낸 부인의 원망.
2　鄭夢周: 충숙왕 6년(1337)~태조 원년(1392). 본관은 迎日, 자는 達可, 호는 圃隱. 시호는 文忠. 성리학에 밝았으며 시문에도 뛰어났다. 조선의 건국에 반대하다고 李芳遠이 사주한 趙英珪에 의해 개성의 善竹矯에서 피살당했다. 저서로『圃隱集』이 전한다.

# 溫達傳

金富軾[1]

　溫達, 高句麗平岡王[2]時人也. 容貌龍鐘[3]可笑, 中心則曉然. 家甚貧, 常乞食以養母, 破衫弊履, 往來於市井間, 時人目之爲愚溫達. 平岡王少女兒好啼, 王戲曰, "汝常啼聒我耳, 長必不得爲士大夫妻, 當歸之愚溫達." 王每言之.

　及女年二八, 欲下嫁[4]於上部高氏. 公主對曰, "大王常語, 汝必爲溫達之婦, 今何故改前言乎? 匹夫猶不欲食言, 況至尊乎! 故曰王者無戲言. 今大王之命謬矣, 妾不敢祗承." 王怒曰, "汝不從我敎, 則固不得爲吾女也. 安用同居? 宜從汝所適

---

1　金富軾: 고려 인종 29년(1075)~의종 5년(1151). 본관은 경주. 자는 立之, 호는 雷川. 당시에 성행하던 四六騈儷文을 대신하여 당송시대의 古文體를 수용하고자 노력했다. 20여 권의 문집이 있었으나 전하지 않는다. 인종의 명을 받아 『三國史記』를 편찬했다.
2　平岡王: 고구려 제5대 平原王으로 平崗上好王이라고도 한다. 재위 559~590년.
3　龍鐘: 신체가 늙고 쇠하여 잘 움직이지 못하는 모양.
4　下嫁: 제왕의 딸이 귀족이나 신하에게 출가하는 것을 말한다.

矣."

於是, 公主以寶釧數十枚繫肘後, 出宮獨行. 路遇一人, 問溫達之家, 乃行至其家, 見盲老母, 近前拜, 問其子所在. 老母對曰, "吾子貧且陋, 非貴人之所可近. 今聞子之臭, 芬馥[5]異常, 接子之手, 柔滑如綿, 必天下之貴人也. 因誰之佁, 以至於此乎? 惟我息, 不忍饑, 取楡皮於山林, 久而未還."

公主出行, 至山下, 見溫達負楡皮而來. 公主與之言懷, 溫達悖然[6]曰, "此非幼女子所宜行, 必非人也, 狐鬼也. 勿迫我也." 遂行不顧. 公主獨歸, 宿柴門下. 明朝更入, 與母子備言之. 溫達依違[7]未決, 其母曰, "吾息至陋, 不足爲貴人匹, 吾家至寠, 固不宜貴人居." 公主對曰, "古人言, 一斗粟猶可舂, 一尺布猶可縫, 則苟爲同心, 何必富貴然後可共乎?" 乃賣金釧, 買得田宅奴婢牛馬器物, 資用完具.

初買馬, 公主語溫達曰, "愼勿買市人馬, 須擇國馬病瘦而見放者而後換之." 溫達如其言. 公主養飼甚勤, 馬日肥且壯.

---

5 芬馥: 향기가 짙고 아름다움.
6 悖然: 화가 나거나 놀라 당황하여 안색이 바뀌는 모양.
7 依違: 머뭇머뭇 지체하며 뜻을 결정하지 못하는 모양.

高句麗常以春三月三日, 會獵樂浪之丘, 以所獲猪鹿, 祭天及山川神. 至其日, 王出獵, 群臣及五部[8]兵士皆從. 於是, 溫達以所養之馬隨行, 其馳騁常在前, 所獲亦多, 他無若者. 王召來, 問姓名, 驚且異之.

時, 後周武帝出師伐遼東, 王領軍逆戰[9]於拜山之野. 溫達爲先鋒, 疾鬪斬數十餘級, 諸軍乘勝奮擊大克. 及論功, 無不以溫達爲第一. 王嘉歎之曰, "是吾女壻也." 備禮迎之, 賜爵爲大兄, 由此寵榮尤渥, 威權日盛.

及陽岡王[10]卽位, 溫達奏曰, "惟新羅割我漢北之地, 爲郡縣, 百姓痛恨, 未嘗忘父母之國. 願大王不以愚不肖, 授之以兵, 一往必還吾地." 王許焉. 臨行誓曰, "鷄立峴竹嶺已西, 不歸於我, 則不返也." 遂行, 與羅軍戰於阿旦城之下, 爲流矢所中而死. 欲葬, 柩不肯動. 公主來撫棺曰, "死生決矣. 於乎歸矣." 遂擧而窆. 大王聞之悲慟.

『三國史記』

---

8 五部: 고구려를 구성하고 있는 5개의 주요 씨족 집단 消奴部·桂婁部·絶奴部·灌奴部·順奴部.
9 逆戰: 迎戰. '逆'은 '迎'과 같은 뜻. 적을 맞이하여 전투를 벌인 것을 이름.
10 陽岡王: 고구려 제26대 嬰陽王의 誤記. 재위 590~618년.

## 飛鳶童子[1]

柳得恭[2]

趁鳶纔罷氣騰騰[3]　　吃却簷端一股氷[4]
歸對書床無盡嗽　　讀聲出口只如蠅

『泠齋集』

1　飛鳶童子: 연 날리는 아이.
2　柳得恭: 영조 25년(1749)~순조 7년(1807). 본관은 文化, 자는 惠風, 호는 泠齋. 서얼로 태어났으나 시문에 빼어났다. 특히 중국에 시가 알려져 朴齊家·李德懋·李書九와 나란히 後四家로서 이름을 날렸다. 저서로『京都雜志』·『渤海考』·『泠齋集』등이 전한다.
3　騰騰: 기세 등등. 여기서는 숨을 씩씩거리는 모양.
4　一股氷: 고드름 한 개.

## 捕蛇者說

柳宗元[1]

　永州之野, 産異蛇, 黑質而白章, 觸草木盡死, 以齧人, 無禦之者. 然得而腊[2]之, 以爲餌, 可以已大風攣踠[3]瘻癘[4], 去死肌, 殺三蟲[5]. 其始太醫以王命聚之, 歲賦其二, 募有能捕之者, 當其租入, 永之人爭奔走焉.

　有蔣氏者, 專其利三世矣. 問之則曰, "吾祖死於是, 吾父死於是. 今吾嗣爲之十二年, 幾死者數矣." 言之貌若甚戚者. 余悲之, 且曰, "若毒之乎? 余將告於涖事者, 更若役, 復若賦,

---

1  柳宗元 : 773~819. 중국 당나라의 문인. 唐宋八大家의 한 사람. 자는 子厚. 柳州刺史를 역임하여 '柳柳州'로도 불린다. 韓愈・劉禹錫 등과 친교를 맺었고 王叔文의 新政에 참여하기도 했다. 문장은 韓愈와 겨루고 시는 王維・孟浩然에 버금간다고 평가된다. 저서에 『柳河東集』이 있다.
2  腊 : 고기를 말리는 것.
3  攣踠 : 손발이 안으로 구부러져 펴지지 않는 것.
4  瘻癘 : 瘻는 목이 마른 것이며 癘는 전염병.
5  三蟲 : 尸蟲. 道敎에서 사람 몸속에 있으면서 수명, 질병, 욕망을 좌우하는 세 마리의 벌레를 말한다.

則如何?"

蔣氏大戚, 汪然[6]出涕曰, "君將哀而生之乎? 則吾斯役之不幸, 未若復吾賦不幸之甚也. 嚮吾不爲斯役, 則久已病矣. 自吾氏三世居是鄉, 積於今六十歲矣. 而鄉隣之生日蹙, 殫其地之出, 竭其廬之入, 號呼而轉徙, 餓渴而頓踣[7], 觸風雨, 犯寒暑, 呼噓毒癘, 往往而死者, 相藉也. 曩[8]與吾祖居者, 今其室十無一焉. 與吾父居者, 今其室十無二三焉. 與吾居十二年者, 今其室十無四五焉. 非死卽徙爾, 而吾以捕蛇獨存. 悍吏之來吾鄉, 叫囂[9]乎東西, 隳突乎南北, 譁然而駭者, 雖雞狗不得寧焉. 吾恂恂而起, 視其缶, 而吾蛇尙存, 則弛然[10]而臥. 謹食之, 時而獻焉. 退而甘食其土之有, 以盡吾齒. 蓋一歲之犯死者二焉, 其餘則熙熙而樂, 豈若吾鄉隣之旦旦有是哉? 今雖死乎此, 比吾鄉隣之死則已後矣, 又安敢毒耶?"

余聞而愈悲. 孔子曰, "苛政猛於虎也." 吾嘗疑乎是, 今以蔣

6 汪然: 왈칵.
7 頓踣: 지쳐 쓰러짐.
8 曩: 지난날.
9 叫囂: 큰 소리로 부름.
10 弛然: 마음을 놓음.

氏觀之猶信. 嗚呼! 孰知賦斂之毒, 有甚於是蛇者乎? 故爲之 說, 以俟夫觀人風者得焉.

『古文眞寶』

## 伯姉贈貞夫人朴氏墓誌銘

朴趾源[1]

孺人[2]諱某, 潘南朴氏. 其弟趾源仲美誌之曰, 孺人十六歸德水李宅模伯揆, 有一女二男, 辛卯九月一日歿, 得年四十三. 夫之先山曰鵝谷[3], 將葬于庚坐[4]之兆.

伯揆旣喪其賢室, 貧無以爲生, 挈其穉弱婢指十, 鼎鎗箱簏, 浮江入峽, 與喪俱發, 仲美曉送之斗浦舟中, 慟哭而返.

嗟乎! 姊氏新嫁, 曉粧如昨日. 余時方八歲, 嬌臥馬驪, 效婿語, 口吃鄭重. 姊氏羞, 墮梳觸額. 余怒啼, 以墨和粉, 以唾漫鏡. 姊氏出玉鴨金蜂[5], 賂我止啼. 至今二十八年矣.

1 朴趾源: 영조 13년(1737)~순조 5년(1805). 자는 仲美, 호는 燕巖. 청나라 사행 경험을 서술한 『熱河日記』는 참신한 사상과 독특한 문체로 일대를 풍미하였으며 정조의 文體反正의 직접적 대상으로 지목되기도 했다. 저서로『燕巖集』·『課農小抄』등이 있으며, 주요 작품으로는 〈許生傳〉·〈虎叱〉·〈兩班傳〉등이 있다.
2 孺人: 大夫의 처. 혹은 벼슬 없는 사람의 아내를 사후 일컫는 존칭어.
3 鵝谷: 白鵝谷. 현재 경기도 楊平郡 楊東面.
4 庚坐之兆: 묏자리나 집터 등에서 남서를 등지고 북동을 향해 앉은 자리.
5 玉鴨金蜂: 모두 여성의 장신구. 오리 모양으로 새긴 옥비녀와 금으로 벌 모양을 만든 머리장식.

立馬江上遙見, 丹旐⁶翻然, 檣影逶迤⁷, 至岸轉樹, 隱不可復見. 而江上遙山, 黛綠如鬟, 江光如鏡, 曉月如眉. 泣念墮梳, 獨幼時事歷歷, 又多歡樂. 歲月長, 中間常苦離患憂貧困, 忽忽如夢中. 爲兄弟之日, 又何甚促也?

去者丁寧留後期　　猶令送者淚沾衣
扁舟從此何時返　　送者徒然岸上歸

『燕巖集』

---

6 　丹旐: 운구 때 앞장세우는 깃발.
7 　逶迤: 구불구불한 모양.

# 悼孫女

南氏夫人[1]

八年七歲病　　　歸臥爾應安

只憐今夜雪　　　離母不知寒

『大東詩選』

---

1　南氏婦人: 생몰년 미상. 조선후기 李弼運의 아내.

제3장

# 자연, 서정과 흥취의 세계

# 春夜宴桃李園序

李白[1]

夫天地者, 萬物之逆旅, 光陰者, 百代之過客. 而浮生若夢, 爲歡幾何? 古人秉燭夜遊, 良有以也. 況陽春召我以煙景, 大塊[2]假我以文章? 會桃李之芳園, 序天倫之樂事, 群季俊秀, 皆爲惠連[3], 吾人詠歌, 獨慙康樂[4]. 幽賞未已, 高談轉淸. 開瓊筵以坐花, 飛羽觴[5]而醉月, 不有佳作, 何伸雅懷? 如詩不成, 罰依金谷酒數[6].

『李太白全集』

1  李白: 701~762. 중국 당나라의 시인. 자는 太白, 호는 靑蓮居士. 현종 때 薦擧로 초빙되어 잠시 벼슬을 했으나 정치적 포부를 실현하지 못하고 낙향, 유람과 창작으로 평생을 보냈다. '詩仙'으로 일컬어지며, 杜甫와 함께 '李杜'로 병칭된다. 『李太白全集』이 전한다.
2  大塊: 天地.
3  惠連: 중국 南朝時代 송나라 사람 謝惠連을 가리킨다. 謝靈運의 사촌 아우로 함께 文名을 떨쳤다.
4  康樂: 謝靈運을 말한다. 康樂侯에 봉해졌기 때문에 '謝康樂'이라고 불렀다.
5  羽觴: 새의 깃 모양을 한 술잔.
6  金谷酒數: 金谷의 술잔 수. 중국 晉나라 때 사람인 石崇이 금곡의 별장에 손님들을 초대하여 酒宴을 베풀고 시를 짓지 못하는 사람에게는 罰酒 서 말을 마시게 했다는 고사에서 나온 말이다.

## 石竹花[1]

鄭襲明[2]

| | |
|---|---|
| 世愛牧丹紅 | 栽培滿院中 |
| 誰知荒草野 | 亦有好花叢 |
| 色透村塘月 | 香傳隴樹風 |
| 地偏公子少 | 嬌態屬田翁 |

『東文選』

---

1 石竹花: 패랭이꽃.
2 鄭襲明: ?~고려 의종 5년(1151). 본관은 迎日, 호는 滎陽. 벼슬에 나아가 주로 諫官의 직책을 맡았으며 毅宗을 훈육하고 보필했다. 『東文選』에 詩文 몇 편이 전한다.

# 歸田園居

陶潛[1]

| | |
|---|---|
| 少無適俗韻 | 性本愛丘山 |
| 誤落塵網[2]中 | 一去十三年[3] |
| 羈鳥戀舊林 | 池魚思故淵 |
| 開荒南野際 | 守拙歸園田 |
| 方宅[4]十餘畝 | 草屋八九間 |
| 楡柳蔭後簷 | 桃李羅堂前 |
| 曖曖[5]遠人村 | 依依墟里煙 |
| 狗吠深巷中 | 鷄鳴桑樹顚 |

1  陶潛: 365~427. 중국 東晉·宋代의 시인. 자는 淵明, 호는 五柳先生. 잠시 벼슬살이를 했으나 전원에 은퇴하여 직접 농사지으며 살았다. 平淡한 풍격의 작품을 많이 지었고 孟浩然·王維 등 많은 시인들에게 영향을 주었다. 주요 작품으로 〈五柳先生傳〉·〈桃花源記〉·〈歸去來辭〉 등이 있다.
2  塵網: 티끌처럼 지저분하고 그물 같은 속박이 있는 세상. 속세.
3  十三年: 도연명이 벼슬한 기간. 도연명은 江州祭酒로 출사한 太元 18년(392)부터 세 번째 벼슬 彭澤令을 사직한 義熙 원년(405)까지 13년간 관직에 있었다.
4  方宅: 네모난 집터.
5  曖曖: 어슴푸레한 모양. 날이 저물어 어둑해지는 모양.

戶庭無塵雜　　　虛室有餘閒

久在樊籠裏　　　復得返自然

『陶淵明集』

# 前赤壁賦

蘇軾[1]

 壬戌[2]之秋七月旣望,[3] 蘇子與客, 泛舟遊於赤壁[4]之下. 淸風徐來, 水波不興. 擧酒屬客, 誦明月之詩,[5] 歌窈窕之章.[6] 少焉, 月出於東山之上, 徘徊於斗牛之間. 白露橫江, 水光接天. 縱一葦之所如, 凌萬頃之茫然. 浩浩乎如憑虛御風, 而不知其所止, 飄飄乎如遺世獨立, 羽化而登仙. 於是, 飮酒樂甚, 扣舷而歌之. 歌曰,

---

1 蘇軾: 1037~1101. 중국 北宋의 문인. 唐宋八大家의 한 사람. 자는 子瞻, 호는 東坡. 당대 문호인 歐陽脩의 후원으로 문단에 등장했으나 王安石의 新法이 실시되면서 舊法黨으로 몰려 정치적인 고초를 겪었다. 대표작 〈적벽부〉 역시 유배지에서 船遊하면서 지은 것이다. 저서에 『東坡集』이 있다.
2 壬戌: 중국 宋나라 神宗의 元豊 5년(1082). 東坡가 47세가 되는 해.
3 旣望: 음력 16일.
4 赤壁: 중국 胡北省에는 '적벽'이라고 불리는 곳이 여러 곳 있다. 그중 동파가 노닐며 〈적벽부〉를 지은 곳은 黃岡縣 城 밖에 있다. 또 하나는 嘉魚縣 동북방에 있는데 삼국시대 吳나라 孫權의 장군 周瑜가 魏나라 曹操의 백만 대군을 격파했던 곳이다. 동파가 '적벽'이라는 같은 이름에 착안해 적벽대전의 옛일을 끌어왔다고도 하고 혹은 착오로 잘못 인용했다는 설도 있다.
5 明月之詩: 『詩經』 〈月出〉 篇을 말한다.
6 窈窕之章: 같은 〈월출〉 편의 시 구절이라고도 하고, 〈關雎〉를 말한 것이라고도 한다.

桂棹兮蘭槳[7]　　　擊空明兮泝流光

渺渺兮予懷　　　望美人兮天一方

客有吹洞簫者, 倚歌而和之. 其聲烏烏然,[8] 如怨如慕, 如泣如訴, 餘音嫋嫋, 不絕如縷, 舞幽壑之潛蛟, 泣孤舟之嫠婦[9]. 蘇子愁然正襟, 危坐而問客曰, "何爲其然也?" 客曰, "月明星稀, 烏鵲南飛, 此非曹孟德之詩[10]乎? 西望夏口, 東望武昌, 山川相繆, 鬱乎蒼蒼, 此非孟德之困於周郎者乎? 方其破荊州, 下江陵, 順流而東也, 舳艫千里,[11] 旌旗蔽空, 釃酒[12]臨江, 橫槊賦詩, 固一世之雄也, 而今安在哉? 況吾與子, 漁樵於江渚之上, 侶魚鰕而友麋鹿. 駕一葉之扁舟, 擧匏樽以相屬, 寄蜉蝣於天地, 渺滄海之一粟. 哀吾生之須臾,[13] 羨長江之無窮. 挾飛仙以遨遊, 抱明月而長終, 知不可乎驟得, 託遺響於悲風."

7　蘭槳: 향목인 목란 삿대.
8　嗚嗚然: 퉁소 소리를 표현한 말.
9　嫠婦: 과부.
10　曹孟德之詩: 曹孟德은 중국 삼국시대 魏나라를 세운 曹操의 자. 그의 〈短歌行〉에 "달은 밝고 별은 드문데 까막까치는 남으로 날아가네. 나무를 세 바퀴 돌아보지만 어느 가지에 의지할꼬(月明星稀, 烏鵲南飛. 繞樹三匝, 何枝可依.)"라는 구절이 있다.
11　舳艫千里: '舳'은 선미, '艫'는 선수. '축로천리'는 배가 천 리를 잇닿아 있음을 이른다.
12　釃酒: 술을 거름. 여기서는 잔에 술을 따르는 것을 이른다.
13　須臾: 잠깐 동안. 눈 깜짝할 사이.

蘇子曰, "客亦知夫水與月乎? 逝者如斯,¹⁴ 而未嘗往也, 盈虛者如彼, 而卒莫消長也. 蓋將自其變者而觀之, 則天地曾不能以一瞬, 自其不變者而觀之, 則物與我皆無盡也, 而又何羨乎? 且夫天地之間, 物各有主, 苟非吾之所有, 雖一毫而莫取, 惟江上之淸風, 與山間之明月, 耳得之而爲聲, 目遇之而成色, 取之無禁, 用之不竭. 是造物者之無盡藏¹⁵也, 而吾與子之所共適." 客喜而笑, 洗盞更酌, 肴核旣盡, 杯盤狼藉. 相與枕藉¹⁶乎舟中, 不知東方之旣白.

『東坡集』

---

14 逝者如斯: 『論語』〈子罕〉에 나오는 말. 공자가 흐르는 냇물을 가리켜 이르기를, "가는 것이 이와 같구나. 밤낮을 쉬지 않는도다[逝者如斯夫! 不舍晝夜.]"라고 했다.
15 無盡藏: 써도 다함이 없음. 한없이 많음을 이름.
16 枕藉: 이러저리 마구 누워 서로 베개를 하고 잠자는 것.

## 瀟湘[1]夜雨

李仁老[2]

一帶滄波兩岸秋　　風吹細雨灑歸舟

夜來泊近江邊竹　　葉葉寒聲摠是愁

『東文選』

1　瀟湘: 중국 남부에 있는 瀟水와 湘水. 경치가 아름답기로 이름나서 많은 시인들의 사랑을 받았다. 여기서, 宋代의 화가 宋迪이 〈瀟湘八景圖〉를 그려서 平沙·落雁·遠浦歸帆·江天暮雪·山市晴嵐·洞庭秋月·瀟湘夜雨·煙寺晚鐘·漁村落照의 여덟 장면이 유명하게 됐고 이를 따라서 시인들이 그 제목으로 시를 짓는 일이 유행했다.
2　李仁老: 고려 의종 6년(1152)~고종 7년(1220). 고려 무신집권기 때의 문인. 본관은 慶源. 자는 眉叟. 林椿·吳世才 등과 어울려 시와 술로 즐기며 세칭 '竹林高會'를 이루어 활동했다. 저술로『銀臺集』·『雙明齋集』·『破閑集』등이 있었다고 하나『파한집』만이 전한다.

# 遊三角山記

李廷龜[1]

(前略) 早食畢, 登寺後小庵. 朴甥尋小徑欲上露積峯[2], 余策杖隨之. 子方謂子齊[3]曰, "吾二人豈忍獨後, 貽譏於月沙乎?" 遂先後攀躋. 怪石錯道, 十步九顚, 及到峯下, 巖峻逕仄, 絶無着足處. 天敏[4]與二僧先上, 從石罅用木爲梯, 垂帶引之, 束身而上, 始得窮最高頂.

頂窄僅可坐十餘人, 茫不可俯視, 合眼定神. 扶攜互依, 少憩而望之, 西南大海, 遠自靑齊, 浮雲落日, 銀界茫茫, 目力有盡, 而望勢無際. 所可記者, 水落峨嵯冠岳淸溪天磨松岳聖居

---

1　李廷龜: 명종 19년(1564)~인조 13년(1635). 본관은 延安. 자는 聖徵, 호는 月沙·保晚堂·凝菴. 한문학의 대가로서 글씨에도 뛰어났고 申欽·張維·李植 등과 함께 조선 중기의 4대 문장가로 일컬어진다. 저서에 『月沙集』이 있고, 편저로 『書筵講義』·『大學講義』 등이 있다.
2　露積峯: 삼각산에 있는 봉우리. 솟아오를 듯한 산세와 뾰죽뾰죽한 바위의 형상이 노적가리와 같다고 하여 이렇게 부른다.
3　子方과 子齊: 모두 동행했던 사람의 이름.
4　天敏: 동행했던 사람의 이름.

諸山, 纍纍如丘垤[5], 月溪峽拆, 驚波西注, 漢水一帶, 如拖氷練, 彎回屈曲, 環繞王都. 遙峯亂嶼, 隱見雲際.

老僧指而示余曰, "彼爲某山, 此爲某水." 余時惝怳[6]不能辨, 第 "唯唯[7]" 而已. 都城百萬家, 逼近不能見, 但見脚底炊煙粧點[8]一活畫. 雲隙露一螺髻[9], 知是終南山也. 渴喉生塵, 急解酒沃之. 興酣傾盡數壺, 余醉而歌, 子齊起舞. 笛聲隨風散入層霄, 恍似劉安鷄犬遺響白雲[10], 眞一三淸[11]夢遊也. (後略)

『月沙集』

---

5   丘垤: 언덕과 개밋둑.
6   惝怳: 멍한 모양. 경황이 없는 모양.
7   唯唯: 응대하는 말로 '예, 예'의 뜻이다.
8   粧點: 단장함. 여기서는 풍경을 말한 것이다.
9   螺髻 : 트레머리. 멀리 바라보이는 청산을 묘사하는 말.
10  劉安鷄犬遺響白雲: 劉安은 중국 漢나라의 淮南王의 이름. 회남왕이 신선이 되어 승천할 적에 먹다 남은 仙藥을 그 집 개와 닭이 먹은 후 함께 승천을 하여 개는 하늘 위에서 짖고 닭은 구름 속에서 울었다고 한다.
11  三淸: 도교에서 신선이 산다는 玉淸·上淸·太淸의 세 宮.

## 示子芳

林億齡[1]

古寺門前又送春　　殘花隨雨點衣[2]頻

歸來滿袖淸香在　　無數山蜂遠趁人

『石川詩集』

1　林億齡: 연산군 2년(1496)~선조 1년(1568). 본관은 善山, 자는 大樹, 호는 石川. 16세기 호남을 대표하는 시인이다. 1545년의 乙巳士禍 당시 동생인 林百齡이 士林에게 해를 입혔다 하여 서울 출입을 삼가고 담양의 息影亭 등지에서 노닐며 호남歌壇의 일원으로 살았다. 저서로 『石川詩集』 등이 전한다.
2　點衣: 옷에 점점이 붙다.

## 西池¹賞荷記

李胤永²

漢之西城³外, 有池, 方可五六十畝. 繞池皆垂柳, 間種桃杏. 西坨最盛, 東坨只有數柳臨大逵, 便宜納月, 人家多在花柳中. 簾櫳軒檻, 倒水蕩㳽, 如鏡裏觀影. 水中有小丘, 植松柳, 夭矯翕翳, 掩暎有趣. 池水淸, 而遍水皆荷花, 每花時, 都中人士多來遊者.

歲已未, 李胤之⁴健之⁵, 家于池南巷, 與友人李元靈⁶任伯玄⁷

1   西池: 조선시대 서대문 바깥에 있었던 연못. 연꽃이 만발한 공원으로 유명했다.
2   李胤永: 숙종 40년(1714)~영조 35년(1759). 본관은 韓山, 자는 胤之, 호는 丹陵 또는 澹華齋. 벼슬은 하지 않았으나 老論 淸流에 속했던 유명한 문인이자 화가, 서예가이다. 충북 丹陽의 산수를 특히 좋아하여 丹陵散人이라 불리기도 했다. 1739년에는 서대문 바깥의 연꽃 공원이었던 西池 가에 집을 사서 벗들과 雅會를 열며 놀았다. 이때 지은 것이 〈西池賞荷記〉이다. 저서로 『丹陵遺稿』와 『丹陵散人遺集』 등이 있다.
3   漢之西城: 한양성의 서쪽 부분. 지금의 서대문 부근.
4   李胤之: 胤之는 이윤영의 字.
5   健之: 이윤영의 아우였던 李運英의 字.
6   李元靈: 李麟祥. 숙종 36년(1710)~영조 36년(1760). 元靈은 이인상의 字. 詩書畵에 모두 빼어났던 인물로, 당시 서울지역 상층문화인 京華文化를 선도했던 사람이다.
7   任伯玄: 任邁. 숙종 37년(1711)~정조 3년(1779). 伯玄은 그의 字. 이윤영, 이인상 등과 자주 詩會를 열었던 인물이다.

仲寬[8], 約乘夜游池上. 時七月之望也, 元靈先至, 展紙作淸暑圖[9], 圖半伯玄來, 題絶句其上, 胤之又賦甁蓮詩[10]成. 酒已行數觴, 中寬亦至, 袖出數絹幅, 爲畫供偕, 伯玄元靈, 各次胤之韻. 遂相與劇談竟夕.

已而月出星疎, 人跡稍散, 五人者, 緩步出洞, 同至池上. 沙岸如雪, 樹影裊裊, 荷花萬餘柄, 得月發彩, 而露泫珠凝, 玲瓏芬郁.

伯玄兄弟, 叫奇[11]不已. 元靈曰, "西山[12]抱池, 明媚窈窕, 華岑仁峯[13], 暎帶益奇. 樓榭花樹之點綴者, 若有江南畫意[14], 仍發移宅之願." 胤之曰, "水中丘, 若置小亭, 乘艇往來, 柳間, 遍植佳卉, 如西湖[15]之爲, 則景與境, 乃相宜而盡美矣." 伯玄歎曰, "雖有勝地, 而多埋沒於花烟榛草間, 東人槩無風韻矣."

8 仲寬: 任邁의 아우인 任邁의 字. 형과 더불어 이윤영, 이인상 등과 어울렸던 인물.
9 淸暑圖: 시원한 여름날의 모임을 소재로 삼은 그림.
10 甁蓮詩: 화병에 꽂은 연꽃을 읊은 시.
11 叫奇: 기이하며 빼어나다고 탄성을 지름.
12 西山: 서쪽의 산. 여기서는 이화여자대학교 뒤편의 鞍山에서 북아현동 방향으로 능선을 이룬 산을 뜻한다.
13 華岑仁峯: 北岳山과 仁王山의 봉우리.
14 江南畫意: 여기서의 강남은 중국 강남지방, 즉 江蘇省과 浙江省 일대를 가르킨다. 西池 일대의 풍경이 마치 강남의 아름다운 산수를 그린 그림처럼 운치를 풍긴다는 뜻이다.
15 西湖: 중국의 강남 지역에 있는 호수. 수려한 풍광으로 유명한 곳이자 그림으로도 자주 그려졌다.

遂繞塘徘佪.

至夜半, 坐石橋, 各飲一觴. 仲寬手捧大蓮葉, 障露[16]而歸, 取堂前石泉, 瀉其中. 元靈頻頻俯視, 顧胤之而笑. 胤之手折荷花欲開者, 泛於葉水, 呼伯玄, 置琉璃鍾于花心. 元靈點燭鐘中, 火透鍾, 鍾透花, 花水之光, 又透于葉, 外碧內氶, 熀朗洞澈. 昔賢所謂露呈昭著, 如銀盞中貯淸水, 自然透見銀花, 若未嘗有水者, 眞善喻也.

是時月入西牖, 流彩相射, 皎然如畫. 伯玄復效魏人鄭公慤之碧筒飮[17], 盛酒於荷葉, 穴其莖而吸之, 隨意細引, 香味滿口, 盖飮者之好法也, 遂相視爲樂, 拈韻賦詩[18]. 伯玄元靈先就二詩, 曉雞已膈膊[19]矣. 胤之健之繼成一篇, 仲寬醉睡其傍, 亦坦然可喜.

日高, 起飮一巡. 元靈寫九龍淵[20]於大幅, 出仲寬紙, 作三日

16 障露: 연잎을 우산처럼 써서 이슬을 막았다는 뜻.
17 碧筒飮: 중국 魏나라의 鄭慤이라는 인물이 개발했던 술 마시는 방법. 푸른 연잎에 술을 붓고 그 줄기를 통하게 해서 술을 빨아 마셨다고 한다. 연잎 밑의 줄기가 코끼리 코처럼 휘어지기 때문에 象筒飮으로 부르기도 했다.
18 拈韻賦詩: 韻字를 뽑아서 시를 짓는 것.
19 膈膊: 임박함.
20 九龍淵: 금강산 골짜기를 흐르는 구비구비 연못으로 아홉 마리 용이 승천했다는 전설이 있다.

浦²¹. 胤之又爲仲寬, 畵池上夜遊, 仲寬亦次韻談笑. 及日午, 仲寬袖二畵先歸, 以荷葉蓋童奴頭, 自持一花而去. 元靈伯玄胤之兄弟, 復之池上, 看朝荷, 歸揷三花二葉於小陶壺, 使一婢載隨元靈馬後. 至哺時, 又以餘花入伯玄袖送之. 蓋是游也, 其會之以蓮, 而罷之亦以蓮矣. (下略)

『丹陵遺稿』

21 三日浦: 강원고 고성에 있던 수려한 포구. 동해 가에 있어서 경관이 매우 아름다웠다.

# 早秋

李書九[1]

讀書松根上　　　卷中松子落

支筇欲歸去　　　半嶺雲氣作

『惕齋集』

---

[1] 李書九: 영조 30년(1754)~순조 25년(1825). 본관은 全州, 자는 洛瑞, 호는 惕齋 또는 薑山 등. 젊은 시절에 박지원·이덕무·유득공 등과 함께 노닐며 문학의 소양을 길렀고 중국에까지 시가 알려져 이덕무·박제가·유득공 등과 나란히 四家詩人으로 명성을 날렸다. 저서로『惕齋集』·『薑山初集』등이 전한다.

# 湖東西洛記

金錦園[1]

竊念吾之生也, 不爲禽獸而爲人, 幸也. 不生於薙髮之域[2]而生於吾東文明之邦, 幸也. 不爲男而爲女, 不幸也. 不生於富貴而生於寒微, 不幸也. 然而天旣賦我以仁知之性, 耳目之形, 獨不可樂山水而廣視聽乎? 天旣賦我以聰明之才, 獨不可有爲於文明之邦耶? 旣爲女子, 將深宮固門, 謹守經法, 可乎? 旣處寒微, 隨遇安分, 煙沒無聞, 可乎? 世無詹尹之龜, 難效屈子之卜[3], 而其言曰, 策有所短, 知有所長, 使之自行其意, 則吾志決矣. 迨此未笄之年, 周覽江山之勝, 欲效曾點, 浴乎

---

[1] 金錦園: 순조 17년(1817)~? 조선후기의 여류 문인. 원주 출신. 14세 때 남장을 하고 제천을 거쳐 금강산을 유람한 후 김덕희의 소실이 됐고, 의주 부윤이 된 남편을 따라갔다가 서울로 돌아와 용산에 거하게 될 때까지 전국을 유람하면서 보고 느낀 내용을 『호동서낙기』로 남겼다. 동시대 여류 문인들과 詩社를 결성하여 활동하기도 했다.

[2] 薙髮之域: 머리를 빡빡 깎는 지역이라는 뜻으로 오랑캐를 가리키는 말.

[3] 世無詹尹之龜 難效屈子之卜: 詹尹은 鄭詹尹. 楚나라 때의 점쟁이로, 屈原이 처신할 길을 묻기 위해 찾아갔다고 한다. 그 내용은 굴원의 〈卜居〉에 자세히 보인다.

沂, 風乎舞雩, 詠而歸, 則聖人亦當與之矣.[4]

心旣定計, 屢懇于親堂, 久而後黽勉, 許之. 於是, 胸次浩然, 如贄鳥出籠, 有直上九霄之氣, 良驥脫勒, 有便馳千里之地. 卽日改着男衣, 裝束行, 其先向四郡.

『湖東西洛記』

---

[4]  欲效曾點 [中略] 聖人亦當與之矣:『논어』에 공자가 제자들에게 하고 싶은 일이 무엇인지를 물으니, 증점이 대답하기를, "늦봄에 봄옷이 완성되면 어른 대여섯 사람과 동자 예닐곱 명과 함께 沂水에서 목욕하고 舞雩에서 바람을 쐬고 시를 읊으며 돌아오고 싶습니다."라고 하였는데 공자가 이 말을 듣고 감탄하면서 공감을 표한 고사가 있다.

# 重興遊記

李鈺[1]

李子與金子, 飮酒酣. 金子顧李子曰, "子欲出乎? 秋氣沁人肺胃, 城市覺鬱鬱不自聊. 吾欲往觀乎北漢城, 子何莫出乎?" 又曰, "吾弟鴻, 實主是行, 要與子偕." 李子曰, "諾. 請其期." 曰, "二十七吉." 曰, "遲遲. 不有昨乎?" 金子曰, "諾." 他日, 李子還閔子於泮道. 金子言且告以緣. 閔子曰, "然二三子專之願. 顧老夫不當先耶? 二三子之行, 而豈可少老夫前也?" 李子謝曰, "幸之焉. 願先生早之, 毋使之懸也." 出國門, 立三章法.

一曰戒詩. 作詩中人, 不可作人中詩, 爲詩中景, 不可爲景中詩.

---

[1] 李鈺: 영조 36년(1760)~순조 12년(1812). 자는 其相이고, 호는 梅史 또는 梅谿子, 文無子. 서족 출신으로 실험성이 강한 소품체 문장들과 서정성이 강한 여러 편의 賦, 희곡 등을 남겼다. 친구인 金鑢가 자신의 문집『潭庭叢書』에 수록하여 남긴「重興遊記」등 11권의 산문과『藝林雜佩』에 창작론과 함께 남긴 〈俚諺〉 65수가 전한다.

二曰戒酒. 山坳水涯, 幸而酒家, 勿問紅鵝, 勿問波渣, 勿問當壚者之如何. 不許我衆, 不飮而過. 一杯而和, 二杯而酡, 三杯而歌, 不歌則佐, 一切勿許飮至三螺. 如來釋迦, 證此金科.

三曰戒身. 旣杖旣屨而蔡, 旣扱衣, 仄蹬可, 峻阪可, 踔崩橋可, 陡壑可. 白雲臺不可, 匪不能, 不可也. 有渝此言, 山神其原諸.

『潭庭叢書』

제4장

역사와 시대를
생각하며

# 訓民正音序

鄭麟趾[1]

有天地自然之聲, 則必有天地自然之文. 所以古人因聲制字, 以通萬物之情, 以載三才[2]之道, 而後世不能易也. 然四方風土區別, 聲氣[3]亦隨而異焉. 蓋外國之語, 有其聲而無其字, 假中國文字, 以通其用, 是猶枘鑿[4]之鉏鋙[5]也. 豈能達而無礙乎? 要皆各隨所處而安, 不可强之使同也.

吾東方禮樂文章, 侔擬[6]華夏. 但方言之語, 不與之同, 學書者, 患其旨趣之難曉, 治獄者, 病其曲折之難通. 昔新羅薛總[7],

---

1  鄭麟趾: 태조 5년(1396)~성종 9년(1478). 본관은 河東이고, 자는 伯雎며, 호는 學易齋고, 시호는 文成이다. 훈민정음 창제에 참여했고, 〈용비어천가〉를 지었으며, 천문과 역법, 아악 등에 관한 책을 많이 편찬했다. 계유정난 때 수양대군을 도와 河東府院君에 봉해졌다. 문집에 『학역재집』이 있다.
2  三才: 天·地·人을 일컫는 말.
3  聲氣: 소리의 기세, 즉 발음을 가리킨다.
4  枘鑿: 枘는 네모난 촉꽂이고, 鑿은 둥글게 판 구멍. 본질적으로 서로 맞지 않는 것을 말한다.
5  鉏鋙: 서로 어긋나는 톱니. 사물이 서로 어긋나서 맞지 않는 모양.
6  侔擬: 비교하여 견줄 만함.
7  薛總: 신라 태종무열왕 2년(655)~? 아버지는 元曉, 어머니는 瑤石公主이다. 九經을

始作吏讀, 官府民間, 至今行之. 然皆假字而用, 或澁或窒, 非但鄙陋無稽而已. 至於言語之間, 則不能達其萬一焉.

『訓民正音』

우리말로 읽어 학생들에게 강론했다 하여 吏讀의 창제자로 보는 견해가 대두하였다. 그러나 이두로 쓴 기록이 이미 그 이전부터 나타나고 있는 점으로 미루어보아, 설총은 이때 이두를 창제한 것이 아니라 그것을 정리·집대성한 것으로 추정된다.

# 岳陽樓¹記

范仲淹²

慶曆四年³春, 滕子京⁴謫守巴陵郡. 越明年, 政通人和, 百廢具興. 乃重修岳陽樓, 增其舊制, 刻唐賢⁵今人詩賦于其上, 屬予作文以記之.

予觀夫巴陵勝狀, 在洞庭一湖. 銜遠山, 吞長江, 浩浩湯湯⁶, 橫無際涯, 朝暉夕陰, 氣象萬千, 此則岳陽樓之大觀也, 前人

---

1  岳陽樓: 중국 湖南省 岳陽縣에 있는 누각. 중국의 가장 큰 호수 가운데 하나인 洞庭湖를 굽어보는 절승지에 위치해 있다.
2  范仲淹: 989~1052. 중국 북송의 정치가·학자. 자는 希文. 仁宗 때 歐陽修 등과 함께 정치 개혁을 시도했으나 반대파의 공격으로 좌절됐다. 송대 士大夫의 기풍을 수립하고 문학은 현실 사회와 연관되어야 한다고 주장했다. 문집에 『范文正公集』이 있다.
3  慶曆四年: '慶曆'은 송나라 인종 때의 연호. 경력 4년은 서기로 1044년.
4  滕子京: 河南 사람으로 범중엄과 같은 해 진사가 됐다. 경력 4년에 巴陵郡의 태수로 좌천되어 岳陽樓를 수리했다. 범중엄이 그 기문을 짓고 蘇舜欽이 글씨를 쓰고 邵疎가 篆額을 썼다. 당시에 이들을 '四絶'이라 일컬었다.
5  唐賢: 당나라의 현인. 여기에서는 杜甫의 〈登岳陽樓〉, 孟浩然의 〈臨洞庭〉 등의 시를 가리킨다.
6  浩浩湯湯: 한없이 넓고도 큰물이 성하게 넘실거림.
7  巫峽: 湖北省과 사천성의 경계에 있는 협곡. 三峽 중에서도 가장 절경으로 꼽힌다.

之述備矣. 然則北通巫峽[7], 南極瀟湘[8], 遷客騷人[9], 多會于此, 覽物之情, 得無異乎? 若夫霪雨霏霏[10], 連月不開, 陰風怒號, 濁浪排空, 日星隱曜, 山岳潛形, 商旅不行, 檣傾楫摧, 薄暮冥冥, 虎嘯猿啼, 登斯樓也, 則有去國懷鄕, 憂讒畏譏, 滿目蕭然, 感極而悲者矣!

至若春和景明, 波瀾不驚, 上下天光, 一碧萬頃, 沙鷗翔集, 錦鱗游泳, 岸芷[11]汀蘭, 郁郁靑靑, 而或長煙一空, 皓月千里, 浮光躍金, 靜影沈璧[12], 漁歌互答, 此樂何極! 登斯樓也, 則有心曠神怡, 寵辱俱忘, 把酒臨風, 其喜洋洋者矣!

嗟夫! 予嘗求古仁人之心, 或異二者之爲, 何哉? 不以物喜, 不以己悲. 居廟堂之高, 則憂其民, 處江湖之遠, 則憂其君. 是進亦憂, 退亦憂, 然則何時而樂耶? 其必曰, 先天下之憂而憂, 後天下之樂而樂歟! 噫! 微斯人, 吾誰與歸!

『范文正公集』

8 瀟湘: 동정호의 남쪽에 있는 瀟水와 湘水. 그 부근의 瀟湘八景이 절경으로 이름 높다.
9 騷人: 우수에 젖은 사람. 屈原이 추방되어 〈離騷〉를 지은 뒤로 시인이나 풍류객을 가리키는 말로 쓰였다.
10 霪雨霏霏: '霪雨'는 장맛비. 열흘 이상 계속 내리는 비. '霏霏'는 비나 눈이 부슬부슬 내리는 모양. 여기에서는 비가 몹시 쏟아짐을 뜻한다.
11 芷: 구릿대. 뿌리는 백지라 하여 약용한다.
12 沈璧: 물속에 잠긴 옥. 물에 비친 달의 아름다움을 형용하는 말.

## 浮碧樓[1]

李穡[2]

| | |
|---|---|
| 昨過永明寺[3] | 暫登浮碧樓 |
| 城空月一片 | 石老雲千秋 |
| 麟馬[4]去不返 | 天孫[5]何處遊 |
| 長嘯倚風磴 | 山青江自流 |

『牧隱詩藁』

1 浮碧樓: 平壤 錦繡山 동쪽에 있는 누정. 대동강에 면해 있어 마치 물 위에 떠 있는 듯한 느낌을 준다 하여 붙은 이름이다.
2 李穡: 고려 충숙왕 15년(1328)~조선 태조 5년(1396). 본관은 韓山. 자는 穎叔, 호는 牧隱. 李齊賢 문하에서 급제하고, 元나라 制科에 합격했다. 金九容·鄭夢周·李崇仁 등과 학문을 강론, 성리학 발전에 공헌했다. 문집에 『牧隱詩藁』·『牧隱文藁』가 있다.
3 永明寺: 금수산에 있는 절 이름.
4 麟馬: 동명왕이 朝天石에서 麒麟馬를 타고 하늘로 올라갔다는 고사가 있고, 영명사 아래에 麒麟窟이 있다.
5 天孫: 東明王.『三國遺事』에 河伯의 딸 柳花가 햇빛을 받고 임신을 한 후 알을 낳았는데, 그 알에서 동명왕이 태어났다고 기록되어 있다.

## 舟賂說

李奎報[1]

　李子南渡一江, 有與方舟[2]而濟者. 兩舟之大小同, 榜人之多少均, 人馬之衆寡幾相類, 而俄見其舟離去如飛, 已泊彼岸, 予舟猶邅廻[3]不進. 問其所以, 則舟中人曰, "彼有酒以飲榜人, 榜人極力蕩槳[4]故爾." 予不能無愧色, 因歎息曰, "嗟乎! 此區區一葦所如之間, 猶以賂之之有無, 其進也有疾徐先後, 況宦海競渡中, 顧吾手無金, 宜乎至今未霑一命[5]也." 書以爲異日觀.

『東國李相國集』

---

1　李奎報: 고려 의종 22년(1168)~고종 28년(1241). 고려 武臣執權期의 문인. 자는 春卿, 호는 白雲居士. 새로운 意境을 창출하여 자유자재한 상상력을 구사한 시인으로 평가된다. 저서에 『東國李相國集』이 있다.
2　方舟: 두 척의 배를 나란히 함.
3　邅廻: 가기 힘든 모양. 머뭇거리는 모양.
4　蕩槳: 노를 저음. '槳'은 배를 젓는 장대.
5　一命: 처음으로 벼슬하는 일. 또는 그 최하급의 벼슬.

# 石壕吏

杜甫[1]

暮投石壕村　　　　有吏夜捉人

老翁踰墻走　　　　老婦出門看

吏呼一何怒　　　　婦啼一何苦

聽婦前致詞　　　　三男鄴城戍[2]

一男附書至　　　　二男新戰死

存者且偸生[3]　　　死者長已矣

室中更無人　　　　惟有乳下孫

孫有母未去　　　　出入無完裙

---

[1] 杜甫: 712~770. 중국 唐나라 때의 대시인. 자는 子美, 호는 少陵. 詩聖으로 일컬어지며 李白과 함께 중국 최고의 시인으로 꼽힌다. 장편의 古體詩는 주로 사회성을 발휘하였으므로 시로 표현된 역사라는 뜻으로 '詩史'라 불린다. 대표작으로 〈北征〉·〈秋興〉·〈兵車行〉 등이 있고, 北宋 王洙의 『杜工部集』 20권과 1,400여 편의 시, 그리고 소수의 산문이 전해진다.

[2] 鄴城戍: 지금의 河南省 臨漳縣 서쪽에 있던 鄴縣의 城. 안경서가 업성을 지키다 안록산의 난을 이어받은 史思明에게 포위를 당했다가 풀려났는데 鄴城戍는 이때의 일이다.

[3] 偸生: 구차히 살아가는 것.

老嫗力雖衰　　請從吏夜歸

急應河陽役⁴　　猶得備晨炊

夜久語聲絶　　如聞泣幽咽

天明登前途　　獨與老翁別

『杜少陵集』

4　河陽役: 河陽은 지금의 河南省 孟縣 남쪽에 있던 縣의 이름. 당나라의 장수 郭子儀의 군대가 史思明에게 패하자 張用濟의 계책으로 근처의 다른 성들은 비우고 하양을 지켰다고 한다.

# 豪民論

許筠[1]

天下之所可畏者, 唯民而已. 民之可畏, 有甚於水火虎豹. 在上者, 方且狎馴[2]而虐使之, 抑獨何哉? 夫可與樂成而拘於所常見者, 循循然[3]奉法, 役於上者, 恒民也. 恒民不足畏也. 厲取之而剝膚椎髓[4], 竭其廬入地出, 以供無窮之求, 愁嘆咄嗟[5], 咎其上者, 怨民也. 怨民不必畏也. 潛蹤屠販[6]之中, 陰蓄異心, 僻倪[7]天地間, 幸時之有故, 欲售其願者, 豪民也.

夫豪民者, 大可畏也. 豪民, 伺國之釁, 覘事機之可乘, 奮臂

---

1 許筠: 선조 2년(1569)~광해군 10년(1618). 자는 端甫, 호는 蛟山·惺所. 遠接使 從事官이 되어 명나라 사신 朱之蕃을 영접하여 명문장으로 명성을 떨쳤다. 광해군 폭정에 항거하여 반란을 계획하다가 탄로되어 가산이 籍沒되고 참형됐다. 저서로『洪吉童傳』·『惺所覆瓿藁』·『惺叟詩話』등이 있다.
2 狎馴: 함부로 다루다. 가벼이 여기다.
3 循循然: 질서 있는 모양.
4 剝膚椎髓: 살을 깎아내고 골수를 부숨. 가혹한 수탈을 이름.
5 咄嗟: 혀를 차고 한숨을 쉼.
6 屠販: 짐승을 잡아 팖. 백정 노릇을 함.
7 僻倪: 깊숙이 한쪽에 묻혀 있음.

一呼於壟畝[8]之上, 則彼怨民者, 聞聲而集, 不謀而同唱. 彼恒民者, 亦求其所以生, 不得不鋤耰棘矜, 往從之, 以誅無道也.

秦之亡也, 以勝廣[9] 而漢氏之亂, 亦因黃巾,[10] 唐之衰而王仙芝[11]黃巢[12]乘之, 卒以此亡人國而後已. 是皆厲民自養之咎, 而豪民得以乘其隙也. 夫天之立司牧, 爲養民也, 非欲使一人恣睢[13]於上, 以逞溪壑之慾[14]矣. 彼秦漢以下之禍, 宜矣, 非不幸也.

今我國不然. 地陿陁而人少, 民且呰窳[15]齷齪[16], 無奇節俠氣. 故平居, 雖無鉅人雋才出爲世用, 而臨亂亦無有豪民悍卒, 倡亂首爲國患者, 其亦幸也. 雖然, 今之時, 與王氏時不同也. 前朝賦於民有限, 而山澤之利, 與民共之, 通商而惠工. 又能

---

8 壟畝: 밭두덕.
9 勝廣: 陳勝과 吳廣. 진나라 2세 때 함께 漁陽에서 군인으로 복무하다가 진나라에 반기를 들고 봉기했다.
10 黃巾: 黃巾賊.
11 王仙芝: 당나라 때 농민 반란군의 우두머리. 뒤에 黃巢가 가담하여 크게 세력을 떨쳤다.
12 黃巢: 왕선지가 죽은 후 왕으로 추대되고 衝天大將軍이 됐다. 10년 동안 여러 지역을 점령하여 큰 세력을 떨쳤으나 뒤에 패망하여 자결했다.
13 恣睢: 제멋대로 행동하는 모양.
14 溪壑之慾: 골짜기 같은 욕심. 채울 수는 있으나 만족할 줄 모르는 욕심을 이름.
15 呰窳: 나약하고 게으름.
16 齷齪: 마음이 좁아 작은 일에 구애됨.

量入爲出, 使國有餘儲, 卒有大兵大喪, 不加其賦, 及其季也, 猶患其三空[17]焉.

我則不然, 以區區之民, 其事神奉上之節, 與中國等, 而民之出賦五分, 則利歸公家者, 纔一分, 其餘狼戾於姦私焉. 且府無餘儲, 有事則一年或再賦, 而守宰之憑以箕斂[18], 亦罔有紀極. 故民之愁怨, 有甚王氏之季, 上之人, 恬不知畏, 以我國無豪民也. 不幸而如甄萱弓裔[19]者出, 奮其白挺, 則愁怨之民, 安保其不往從, 而蘄梁[20]六合[21]之變, 可蹻足須也! 爲民牧者, 灼知可畏之形, 與更其弦轍[22], 則猶可及已.

『惺所覆』

---

17 三空: 흉년이 들어 제사를 궐하고, 서당에 학도들이 오지 않고, 뜰에 개가 없음. 가난을 이름.
18 箕斂: 조세를 가혹하게 거두어들임.
19 甄萱弓裔: 견훤은 후백제의 왕으로 신라 말엽 신라에 반기를 들고 후백제를 세움. 궁예는 신라 말엽 후고구려의 왕으로 뒤에 태봉국을 세워 왕이 됨.
20 蘄梁: 蘄州와 梁州. 이곳을 거점으로 했던 황소의 난을 가리킴.
21 六合: 동·서·남·북과 상·하. 온 세상의 뜻.
22 弦轍: '弦'은 '絃'으로 곡조를 뜻하고, '轍'은 수레바퀴로 궤도를 말한다. 즉 '현철'은 지금까지 통행되는 규범을 이른다.

# 哀絶陽

丁若鏞[1]

蘆田[2]少婦哭聲長　　哭向縣門號穹蒼

夫征不復尙可有　　自古未聞男絶陽[3]

舅喪已縞[4]兒未澡　　三代名簽在軍保

薄言往愬虎守閽　　里正咆哮牛去皁

磨刀入房血滿席　　自恨生兒遭窘厄

蠶室淫刑[5]豈有辜　　閩囝去勢[6]良亦慽

生生之理天所予　　乾道成男坤道女

---

1 丁若鏞: 영조 38년(1762)~헌종 2년(1836). 자는 美鏞, 호는 茶山·與猶堂. 정조의 知遇를 받았으나 순조 원년에 辛酉邪獄에 연루되어 18년간 유배됐다. 이 시기에 六經四書 연구를 비롯해『經世遺表』·『牧民心書』·『欽欽新書』등 방대한 저술을 남겼다.
2 蘆田: 전라남도 강진 부근의 지명.
3 絶陽: 남성의 생식기를 자름.
4 縞: 흰옷. 곧 喪服.
5 蠶室淫刑: 남자의 생식기를 자르는 형벌. 습하고 더워 마치 잠실 같은 방에서 집행한다.
6 閩囝去勢: '閩'은 중국 고대 국가의 이름. 이 나라 사람들은 자식을 낳으면 생식기를 잘라서 내시를 만들었는데 이를 '囝'라고 한다.

騧馬獷豕猶云悲　　況乃生民思繼序

豪家終歲奏管絃　　粒米寸帛無所捐

均吾赤子何厚薄　　客窓重誦鳲鳩篇⁷

『與猶堂全書』

---

7　鳲鳩篇: 『詩經』國風의 편명. 통치자가 백성을 고루 사랑함을 뻐꾸기에 비유한 시이다.

# 偸猫

李瀷[1]

有猫從外之至, 性偸, 而適鼠稀, 不能捕. 防之少怠, 輒竊食牀案. 人惡之甚, 欲制之, 又善躱避[2]. 久之, 移入他室. 其人, 素愛猫, 與之食, 俾不飢. 且多鼠, 能善獵, 得飽, 遂不復偸. 於是, 號稱良畜.

余聞之歎曰, "此獸是必貧家物. 無食, 故不得已習偸, 旣偸, 故棄逐之. 至吾家, 亦不諳本質, 又待之以偸獸. 其勢, 不偸, 將無以爲生也. 雖有善獵之才, 誰復知之? 至遇其主, 然後, 素性見, 而能亦效矣. 向[3]使偸時而擒殺, 豈非可惜耶? 嗚呼! 人有遇不遇, 物亦有然者也."

『星湖僿說』

1 李瀷: 숙종 7년(1681)~영조 39년(1763). 자는 自新, 호는 星湖. 실용적인 학문을 주장하며 평생을 학문 연구에만 몰두하여『星湖僿說』과『藿憂錄』등 많은 책을 저술했다.
2 躱避: 숨고 피함.
3 向: 이전, 접때.

# 宮柳詩[1]

權韠[2]

先生[權韠], 處昏濁之世, 好危言覈論, 或於杯酒之間, 作詩譏刺時政. 疏庵任叔英[3]對策[4], 極言闕失, 光海命削其科. 先生聞之, 慨然有詩曰,

宮柳靑靑花亂飛　　滿城冠蓋媚春暉

---

1　宮柳詩: 權韠의 문집인 『石洲集』에는 원제가 〈聞任茂叔削科〉로 되어 있다. 본문의 기사는 尹拯의 〈童蒙敎官贈司憲府持平權公行狀〉에서 일부를 뽑은 것이다. 任茂叔의 茂叔은 任叔英의 자이다.
2　權韠: 선조 2년(1569)~광해군 4년(1612). 본관은 安東, 자는 汝章, 호는 石洲. 조선 중기를 대표하는 시인으로서 許筠 등과 교유했다. 성품이 자유분방함을 좋아하여 벼슬길에 나아가지 않았다. 광해군의 신임을 받은 柳希奮이 방종을 일삼자 任叔英이 이를 공격하는 〈策文〉을 올렸다가 오히려 처벌을 받았다. 이에 권필이 분함을 참지 못하고 풍자하는 뜻을 담아 〈宮柳詩〉를 지었다. 뒤에 광해군이 趙守倫의 집을 수색하다가 이 시를 발견하고는 그를 처벌하고자 했다. 저서로 『石洲集』이 전한다.
3　疏庵任叔英: 任叔英(1576~1623)의 자는 茂淑, 호는 疎庵이다. 광해군의 잘못된 정치를 여러 차례 비판하는 글을 올렸다. 산문을 잘 지었으며 의지가 매우 굳었다. 저서로 『疎庵集』이 전한다.
4　對策: 정치적 현안에 대해 대안을 제시하며 조정에 올리는 글.

朝家共賀昇平樂　　誰遣危言出布衣

詩出傳誦, 流入闕中, 光海覽之甚怒. 會承旨黃赫[5], 被誣告刑死, 其壻趙公守倫[6], 辭連繫獄. 光海命搜趙公家文書, 至則宮柳一絕, 偶在一册面上, 遂命逮先生. 先生入獄, 趙公已受拷, 在隔壁地, 字呼先生[7]曰, "汝章[8]由我而死." 先生欲答之, 則已死矣. 先生吞聲一慟. 明日就鞫, 光海親詰之曰, "爾所謂宮柳, 指何人耶?" 蓋疑其斥戚畹[9]也, 遂命杖訊. (下略)

『明齋遺稿』

---

5 黃赫: 명종 6년(1551)~광해군 4년(1612). 광해군 정권을 지지했던 李爾瞻을 시로써 풍자하다가 도리어 역모를 꾀한다는 무고를 받고 투옥되어 옥사했다.
6 趙守倫: 명종 10년(1555)~광해군 4년(1612). 經學에 조예가 있었으나 申慄이 일으킨 逆獄에 연루되어 옥중에서 사망했다.
7 字呼先生: 선생의 字를 부름.
8 汝章: 권필의 字.
9 戚畹: 姻戚이나 外戚.

# 項羽

司馬遷[1]

項王[2]軍壁垓下, 兵少食盡, 漢軍及諸侯兵, 圍之數重. 夜聞漢軍四面皆楚歌, 項王乃大驚曰, "漢皆已得楚乎? 是何楚人之多也?" 項王則夜起, 飮帳中. 有美人名虞, 常幸從[3], 駿馬名騅, 常騎之. 於是, 項王乃悲歌忼慨, 自爲詩曰,

力拔山兮氣蓋世, 時不利兮騅不逝.

騅不逝兮可奈何, 虞兮虞兮奈若[4]何!

---

1 司馬遷: 기원전 145?~86? 중국 前漢의 역사가. 자는 子長. 아버지 司馬談의 유지를 이어 『史記』 저술을 시작했다. 흉노에게 투항한 李陵 장군을 변호하다 황제의 노여움을 사서 宮刑을 받았다. 뒤에 황제의 신임을 회복하고, 『사기』를 완성했다.
2 項王: 項羽. 秦나라 말에 劉邦과 함께 천하를 다툰 영웅. 『사기』의 本紀는 본래 帝王의 사적을 기재하나, 당시 천하를 호령한 정권이 사실상 항우에게 있었으므로 그를 실제 제왕으로 인정하여 그의 사적을 본기에 넣은 것이다.
3 幸從: 총애를 받으며 따라다니다.
4 若 : 2인칭 대명사, 너.

歌數闋⁵, 美人和之. 項王泣數行下, 左右皆泣, 莫能仰視.

於是, 項王乃上馬騎, 麾下壯士騎從者八百餘人, 直夜潰圍, 南出馳走. 平明, 漢軍乃覺之, 令騎將灌嬰以五千騎追之. 項王渡淮, 騎能屬者百餘人耳. 項王至陰陵, 迷失道, 問一田父. 田父紿曰, "左!" 左乃陷大澤中, 以故漢追及之.

項王乃復引兵而東, 至東城, 乃有二十八騎, 漢騎追者數千人. 項王自度不得脫, 謂其騎曰, "吾起兵, 至今八歲矣. 身七十餘戰, 所當者破, 所擊者服, 未嘗敗北, 遂霸有天下. 然今卒困於此, 此天之亡我, 非戰之罪也! 今日固決死, 願爲諸君快戰, 必三勝之, 爲諸君潰圍, 斬將刈旗, 令諸君知天亡我, 非戰之罪也!" 乃分其騎以爲四隊, 四嚮. 漢軍圍之數重. 項王謂其騎曰, "吾爲公取彼一將." 令四面騎馳下, 期山東爲三處. 於是, 項王大呼馳下, 漢軍皆披靡⁶, 遂斬漢一將.

是時, 赤泉侯爲騎將, 追項王, 項王瞋目而叱之, 赤泉侯人馬俱驚, 辟易⁷數里. 與其騎會爲三處. 漢軍不知項王所在, 乃

---

5　闋: 끝나다. 마치다. 곡이 한 번 끝나는 것을 '一闋'이라고 한다.
6　披靡: 초목이 바람에 쓰러지거나 쏠리는 모양. 여기에서는 군대가 전쟁에 패하여 어지러이 흩어짐을 이름.
7　辟易: 두려워하여 후퇴하다.

分軍爲三, 復圍之. 項王乃馳, 復斬漢一都尉[8], 殺數十百人, 復聚其騎, 亡其兩騎耳. 乃謂其騎曰, "何如?" 騎皆伏曰, "如大王言."

於是, 項王乃欲東渡烏江. 烏江亭長[9]檥船待, 謂項王曰, "江東[10]雖小, 地方千里, 衆數十萬人, 亦足王也. 願大王急渡. 今獨臣有船, 漢軍至, 無以渡." 項王笑曰, "天之亡我, 我何渡爲? 且籍與江東子弟八千人, 渡江而西, 今無一人還. 縱[11]江東父兄憐而王我, 我何面目見之? 縱彼不言, 籍獨不愧於心乎?" 乃謂亭長曰, "吾知公長者. 吾騎此馬五歲, 所當無敵, 嘗一日行千里, 不忍殺之, 以賜公."

乃令騎皆下馬步行, 持短兵接戰, 獨籍所殺漢軍數百人, 項王身亦被十餘創. 顧見漢騎司馬呂馬童[12]曰, "若非吾故人乎?" 馬童面之, 指王翳曰, "此項王也." 項王乃曰, "吾聞漢購我頭千金邑萬戶[13], 吾爲若德." 乃自刎而死.

8 都尉: 秦·漢 때 軍警을 담당하던 관직 이름.
9 亭長: 진나라 때 10里마다 1亭을 설치하고 도적의 체포 등 치안에 관계되는 일을 맡겼다. '정장'은 그 책임자이다.
10 江東: 長江의 하류 지역.
11 縱: 설령 ~한다 하더라도
12 呂馬童: 人名. 원래는 항왕의 부하였으나 뒤에 초나라를 배반하고 한나라에 투신했다.
13 邑萬戶: 一萬戶의 지역을 封邑하다. 萬戶侯에 봉하다.

王翳取其頭, 餘騎相蹂踐爭項王, 相殺者數十人. 最其後, 郎中騎楊喜騎司馬呂馬童郎中呂勝楊武, 各得其一體. 五人共會其體, 皆是. 分其地爲五, 封呂馬童爲中水侯, 封王翳爲杜衍侯, 封楊喜爲赤泉侯, 封楊武爲吳防侯, 封呂勝爲涅陽侯.

『史記』

## 絶命詩

黃玹[1]

鳥獸哀鳴海岳嚬　　槿花世界已沈淪

秋燈掩卷懷千古　　難作人間識字人

『梅泉集』

---

1　黃玹: 철종 6년(1855)~1910. 본관은 장수, 자는 雲卿, 호는 梅泉이다. 1910년 일제에 의해 국권이 피탈되자 國恥를 통분하며 絶命詩 4편을 남기고 음독, 순국했다. 저서에 『梅泉野錄』이 있다.

# 부록

# 1. 음은 같으나 뜻이 다른 한자어

**家系** 집안 살림을 꾸려 나가는 방도나 형편
**家計** 대대로 이어 내려온 한 집안의 계통

**家具** 집안 살림에 쓰는 기구
**家口** 집안의 사람 수효

**幹部** 기관이나 조직체 따위의 중심이 되는 자리에서 책임을 맡거나 지도하는 사람
**奸婦** 간악한 여자
**姦夫** 간통한 남자

**感謝** 고마움을 나타내는 인사
**監査** 감독하고 검사함
**監事** 단체의 서무를 맡아보는 직책

**感想** 마음속에서 일어나는 느낌이나 생각
**鑑賞** 주로 예술 작품을 이해하여 즐기고 평가함
**感傷** 하찮은 일에도 쓸쓸하고 슬퍼져서 마음이 상함. 또는 그런 마음

**改正** 주로 문서의 내용 따위를 고쳐 바르게 함
**改定** 이미 정하였던 것을 고쳐 다시 정함
**改訂** 글자나 글의 틀린 곳을 고쳐 바로잡음

**經費** 어떤 일을 하는 데 드는 비용

**警備** 도난, 재난, 침략 따위를 염려하여 사고가 나지 않도록 미리 살피고 지키는 일


**故事** 유래가 있는 옛날의 일. 또는 그런 일을 표현한 어구

**古史** 옛날 역사

**枯死** 말라 죽음

**告祀** 厄運은 없어지고 풍요와 행운이 오도록 집안에서 섬기는 神에게 음식을 차려 놓고 비는 제사

**固辭** 제의나 권유 따위를 굳이 사양함.

**高士** 높은 경지에 오른 선비


**公約** 정치가 등이 어떤 일에 대하여 국민에게 실행할 것을 약속함

**空約** 헛되게 약속함


**公用** 공공의 목적으로 씀, 또는 그런 물건

**共用** 함께 씀. 또는 그런 물건


**過程** 일이 되어가는 경로

**課程** 일정한 기간에 교육하거나 학습하여야 할 과목의 내용과 분량


**敎壇** 교실에서 교사가 강의할 때 올라서는 단

**敎團** 같은 敎義를 믿는 사람들끼리 모여서 만든 종교 단체


**校庭** 학교의 마당이나 운동장

**校訂** 남의 문장 또는 출판물의 잘못된 글자나 글귀 따위를 바르게 고침

矯正 틀어지거나 잘못된 것을 바로잡음

構築 어떤 시설물을 쌓아 올려 만듦
驅逐 어떤 세력 따위를 몰아서 쫓아냄

口號 집회나 시위에서 어떤 요구나 주장을 간결한 형식으로 표현한 문구
救護 재해나 재난 따위로 어려움에 처한 사람을 도와 보호함

起源 사물이 처음으로 생김, 또는 그런 근원
紀元 연대를 계산할 때 기준이 되는 해
祈願 바라는 일이 이루어지기를 빎
棋院 바둑을 두는 사람에게 장소와 시설을 빌려주고 돈을 받는 곳

耐水 물이 묻어도 젖거나 배지 않음
內需 국내에서의 需要

老後 늙은 뒤
老朽 오래되고 낡아 제구실을 하지 못함

但書 법률 조문이나 문서 따위에서, 본문 다음에 그에 대한 어떤 조건이나 예외 따위를 나타내는 글
端緖 어떤 일의 시초

讀者 책·신문·잡지 따위의 글을 읽는 사람
獨子 외아들
獨自 남에게 기대지 아니하는 자기 한 몸

**同期** 같은 시기
**同氣** 형제와 자매, 남매를 통틀어 이르는 말
**動機** 어떤 일이나 행동을 일으키게 하는 계기

**同情** 남의 어려운 처지를 자기 일처럼 딱하고 가엾게 여김
**動靜** 물질의 운동과 정지, 일이나 현상이 벌어지고 있는 낌새
**童貞** 이성과 한 번도 性交를 하지 아니하고 그대로 지키고 있는 순결

**埋葬** 시체나 유골 따위를 땅속에 묻음
**埋藏** 지하자원 따위가 땅속에 묻혀 있음
**賣場** 물건을 파는 장소

**名文** 뛰어나게 잘 지은 글
**名門** 이름 있는 문벌, 또는 훌륭한 집안
**名聞** 세상에 나 있는 좋은 소문
**明文** 글로 명백히 기록된 문구. 또는 그런 조문
**銘文** 비석에 새긴 글

**文豪** 뛰어난 문학 작품을 많이 써서 알려진 사람
**門戶** 집으로 드나드는 문, 외부와 교류하기 위한 통로나 수단

**未收** 돈이나 물건 따위를 아직 다 거두어들이지 못함
**未遂** 목적한 바를 시도하였으나 이루지 못함
**米壽** 여든여덟 살을 달리 이르는 말

**發展** 더 낫고 좋은 상태나 더 높은 단계로 나아감

發電　전기를 일으킴
報告　일에 관한 내용이나 결과를 말이나 글로 알림
寶庫　귀중한 물건을 간수해두는 창고


保守　새로운 것이나 변화를 반대하고 전통적인 것을 옹호하며 유지하려 함
補修　낡은 것을 보충하여 수리함
報酬　일한 대가로 주는 돈이나 물품


補助　보태어 도움
步調　여럿이 함께 일을 할 때의 진행 속도나 조화


負傷　몸에 상처를 입음
副賞　상장 외에 덧붙여 주는 상금이나 상품
浮上　물 위로 떠오르듯이 어떤 현상이 관심의 대상이 되거나 어떤 사람이 훨씬 좋은 위치로 올라섬


不正　올바르지 아니하거나 옳지 못함
不定　일정하지 아니함
不貞　남편으로서, 또는 아내로서 정조를 지키지 못함
不淨　깨끗하지 못함
否定　그렇지 않다고 함
父情　자식에 대한 아버지의 정


悲報　슬픈 기별이나 소식
飛報　아주 빨리 보고함, 또는 그런 보고
秘報　남몰래 보고함, 또는 그런 보고

**非行** 잘못되거나 그릇된 행위
**飛行** 공중으로 날아가거나 날아다님


**士氣** 의욕이나 자신감 따위로 충만하여 굽힐 줄 모르는 기세
**史記** 사마천이 지은 중국의 역사서
**沙器** 백토를 빚어서 구워 만든 매끄럽고 단단한 그릇
**詐欺** 나쁜 꾀로 남을 속임
**邪氣** 사악한 기운


**私設** 어떤 시설을 개인이 사사로이 설립함, 또는 그 시설
**社說** 신문이나 잡지에서, 글쓴이의 주장이나 의견을 써내는 논설
**辭說** 노래가사, 잔소리, 늘어놓는 말이나 이야기
**私說** 개인의 의견이나 설
**邪說** 그릇되고 간사한 말, 또는 올바르지 않은 논설


**事情** 일의 형편이나 까닭
**司正** 그릇된 일을 다스려 바로잡음
**射精** 남성의 생식기에서 정액을 반사적으로 내쏘는 일
**私情** 사사로운 정
**邪正** 그릇됨과 올바름


**商街** 상점들이 죽 늘어서 있는 거리
**喪家** 사람이 죽어 장례를 치르는 집


**上品** 질이 좋은 물품
**賞品** 상으로 주는 물품

商品　사고파는 물품

善戰　있는 힘을 다하여 잘 싸움
宣傳　주의나 주장, 사물의 존재, 효능 따위를 많은 사람이 알고 이해하도록 잘 설명하여 널리 알리는 일
宣戰　한 나라가 다른 나라에 대하여 전쟁을 시작한다는 의사 표시를 하는 일

聖戰　거룩한 사명을 띤 전쟁
聖殿　신성한 전당
聖典　성인들의 말씀으로 이루어진 책, 성경
盛典　성대한 의식

手相　손금, 또는 손금의 모양이나 손의 생김새로 길흉을 판단하는 점
受賞　상을 받음
受像　영상을 전파로 받아 상을 비침, 또는 그 상
隨想　사물을 대할 때의 느낌이나 그때 떠오르는 생각
首相　내각의 우두머리

受精　암수의 생식 세포가 서로 하나로 합치는 현상
修整　고치어 정돈함
水晶　무색투명한 보석의 하나
修正　바로잡아 고침
水精　물의 요정

市街　도시의 큰 거리
市價　시장에서 상품이 매매되는 가격

**時價** 일정한 시기의 물건 값

**媤家** 시집

**詩歌** 가사를 포함한 시문학을 통틀어 이르는 말


**示唆** 어떤 것을 미리 간접적으로 표현해줌

**時事** 그 당시에 일어난 여러 가지 사회적 사건

**試寫** 영화 개봉 전에 시험적으로 상영해 보이는 일


**伸縮** 늘고 줆, 또는 늘이고 줄임

**新築** 건물 따위를 새로 만듦

**辛丑** 육십갑자의 서른여덟 째


**失手** 조심하지 아니하여 잘못함. 또는 그런 행위

**實數** 실제의 수, 수학에서 유리수와 무리수를 통틀어 이르는 말

**實收** 실제의 수입이나 수확


**逆轉** 형세가 뒤집혀짐

**驛前** 역 앞

**力戰** 힘을 다하여 싸움


**年金** 국가나 사회에 특별한 공로가 있거나 일정 기간 동안 국가 기관에 복무한 사람에게 해마다 주는 돈

**捐金** 義捐金의 준말

**鍊金** 쇠를 불림

**軟禁** 외부와의 접촉을 제한하는 감금의 일종

煙氣 　무엇이 불에 탈 때에 생겨나는 흐릿한 기체나 기운
演技 　배우가 배역의 인물, 성격, 행동 따위를 표현해내는 일
延期 　정해진 기한을 뒤로 물림


元首 　국가 원수
元帥 　장성 계급의 하나. 대장의 위로 가장 높은 계급
怨讐 　원한이 맺힐 정도로 자기에게 해를 끼친 사람이나 집단


有志 　마을이나 지역에서 명망 있고 영향력을 가진 사람
乳脂 　젖이나 우유에 들어 있는 지방, 크림
維持 　어떤 상태나 상황을 그대로 보존하거나 변함없이 계속하여 지탱함
遺旨 　죽은 사람이 살아서 이루지 못하고 남긴 뜻


留學 　외국에 머물면서 공부함
遊學 　타향에서 공부함
儒學 　孔子를 始祖로 하는 전통적인 학문


異性 　性이 다른 것, 남성 쪽에선 여성을, 여성 쪽에서는 남성을 가리킴
理性 　개념적으로 사유하는 능력을 감각적 능력에 상대하여 이르는 말


人道 　사람으로서 마땅히 지켜야 할 도리
引導 　이끌어 지도함
引渡 　사물이나 권리 따위를 넘겨줌


引上 　물건 값, 봉급, 요금 따위를 올림
印象 　어떤 대상에 대하여 마음속에 새겨지는 느낌

**壯觀** 훌륭하고 장대한 광경
**長官** 국무를 나누어 맡아 처리하는 행정 각부의 우두머리


**壯者** 壯年에 이른 사람
**長子** 맏아들
**長者** 덕망이 뛰어나고 경험이 많아 세상일에 익숙한 어른


**長篇** 시가나 소설 등에서 내용이 긴 작품
**掌篇** 극히 짧은 문학 작품


**再考** 어떤 일이나 문제 따위에 대하여 다시 생각함
**在庫** 창고 따위에 쌓여 있음


**災禍** 災殃과 禍難을 아울러 이르는 말
**財貨** 재물


**電氣** 물질 안에 있는 전자 또는 공간에 있는 자유 전자나 이온들의 움직임 때문에 생기는 에너지의 한 형태
**傳記** 한 사람의 일생 동안의 행적을 적은 기록
**轉機** 전환점이 되는 기회나 시기
**前期** 일정 기간을 몇 개로 나눈 첫 시기, 앞의 시기
**前記** 앞에 기록함


**典例** 전거가 되는 선례
**前例** 이전부터 있었던 사례
**典禮** 왕실이나 나라에서 경사나 상사가 났을 때 행하는 의식

**全般** 어떤 일이나 부문에 대하여 그것에 관계되는 전체 또는 통틀어서 모두를 이름
**前半** 전체를 둘로 나누었을 때의 앞부분

**切感** 절실히 느낌
**節減** 아끼어 줄임

**切開** 째거나 갈라서 벌림
**節槪** 신념, 신의 따위를 굽히지 아니하고 굳게 지키는 꿋꿋한 태도

**政黨** 정치적인 주의나 주장이 같은 사람들이 정권을 잡고 정치적 이상을 실현하기 위하여 조직한 단체
**正當** 바르고 마땅함

**正道** 올바른 길이나 도리
**程度** 얼마의 분량이나 한도

**制裁** 일정한 사태에 대하여 제한하거나 금지함, 또는 그런 조치
**題材** 예술 작품이나 학술 연구의 바탕이 되는 재료

**條理** 말이나 글 또는 일이나 행동에서 앞뒤가 들어맞고 체계가 서는 갈피
**調理** 건강이 회복되도록 몸을 보살피고 병을 다스림, 여러 가지 재료를 잘 맞추어 먹을 것을 만듦

**朝廷** 임금이 신하들과 정치를 의논하거나 집행하는 곳, 또는 그런 기구
**調停** 분쟁을 중간에서 화해하게 하거나 서로 타협점을 찾아 합의하도록 함

調整 어떤 기준이나 실정에 맞게 정돈함
漕艇 정해진 거리에서 보트를 저어 스피드를 겨루는 경기


弔花 조의를 표하는 데 쓰는 꽃
造化 만물을 창조하고 기르는 대자연의 이치, 또는 그런 이치에 따라 만들어진 우주 만물
造花 만들어진 꽃
調和 서로 잘 어울림


存續 어떤 대상이 그대로 있거나 어떤 현상이 계속됨
尊屬 부모 또는 그와 같은 항렬 이상에 속하는 친족


地殼 지구의 바깥쪽을 차지하는 부분
知覺 알아서 깨달음. 또는 그런 능력
遲刻 정해진 시각보다 늦게 출근하거나 등교함


支社 본사에서 갈려 나가, 본사의 관할 아래 일정한 지역에서 본사의 일을 대신 맡아 하는 곳
志士 크고 높은 뜻을 가진 사람
指事 사물을 가리켜 보임


至聖 매우 착한 성질
至誠 지극한 정성
知性 지각된 것을 정리하고 통일하여, 이것을 바탕으로 새로운 인식을 낳게 하는 정신 작용

支援 지지하여 도움
志願 어떤 일이나 조직에 뜻을 두어 끼이길 바람
支院 지방 법원이나 가정 법원의 관할 아래에 있으면서 일정한 지역에 따로 떨어져 그곳의 법원 사무를 맡아 처리하는 하부 기관

眞情 참되고 애틋한 정이나 마음
鎭靜 몹시 소란스럽고 어지러운 일을 가라앉힘
陳情 실정이나 사정을 진술함

靑史 역사상의 기록, 예전에 종이가 없을 때 푸른 대의 껍질을 불에 구워 푸른 빛과 기름을 없애고 사실을 기록하던 데서 유래함
廳舍 관청의 사무실로 쓰는 건물

初演 연극이나 연주 따위의 첫 번째 공연
超然 어떤 현실 속에서 벗어나 그 현실에 아랑곳하지 않고 의젓한 모양

最高 으뜸인 것, 또는 으뜸이 될 만한 것
最古 가장 오래됨
催告 재촉하는 뜻을 알림

抽象 여러 가지 사물이나 개념에서 공통되는 특성이나 속성 따위를 추출하여 파악하는 작용
秋霜 가을의 찬 서리
追想 추억

祝典 축하하는 뜻으로 행하는 의식이나 행사

祝電 축하하는 뜻을 나타내기 위하여 보내는 전보
致富 재물을 모아 부자가 됨
恥部 남에게 드러내고 싶지 아니한 부끄러운 부분

他殺 남을 죽임, 남에게 죽임을 당함
打殺 때려서 죽임

彈性 물체에 외부에서 힘을 가하면 부피와 모양이 바뀌었다가 그 힘을 제거하면 본디의 모양으로 되돌아가려고 하는 성질
歎聲 몹시 한탄하거나 탄식하는 소리

奪取 빼앗아 가짐
脫臭 냄새를 빼어 없앰

通貨 유통 수단이나 지불 수단으로서 기능하는 화폐
通話 전화로 말을 주고받음

頗多 아주 많음
播多 소문 따위가 널리 퍼져 있음

表紙 책의 맨 앞뒤의 겉장
標識 표시나 특징으로 어떤 사물을 다른 것과 구별하게 함

匹敵 능력이나 세력이 엇비슷하여 서로 맞섬
筆跡 글씨의 모양이나 솜씨

**害毒** 좋고 바른 것을 망치거나 손해를 끼침, 또는 그 손해
**解讀** 어려운 문구 따위를 읽어 이해하거나 해석함
**解毒** 몸 안에 들어간 독성 물질의 작용을 없앰

**鄕愁** 고향을 그리워하는 마음이나 시름
**享受** 어떤 혜택을 받아 누림
**香水** 향이 나는 액체 화장품의 하나

**現象** 인간이 지각할 수 있는, 사물의 모양과 상태
**現狀** 나타나 보이는 현재의 상태
**懸賞** 무엇을 모집하거나 구하거나 사람을 찾는 일 따위에 현금이나 물품 따위를 내걺
**賢相** 어진 재상

**豪氣** 씩씩하고 호방한 기상
**好奇** 신기한 것을 좋아함
**好機** 좋은 기회
**呼氣** 내쉬는 숨

**昏睡** 정신없이 잠이 듦
**婚需** 혼인에 드는 물품

**畫壇** 화가들의 사회
**花壇** 꽃을 심기 위하여 흙을 한층 높게 하여 꾸며놓은 꽃밭

## 2. 잘못 읽기 쉬운 한자어

苛斂(가렴) 恪別(각별) 看做(간주) 姦慝(간특) 間歇(간헐) 減殺(감쇄)
勘案(감안) 甘蔗(감자) 降雨(강우) 狡猾(교활) 交驩(교환) 句讀(구두)
拘碍(구애) 狗吠(구폐) 救恤(구휼) 詭辯(궤변) 龜鑑(귀감) 規矩(규구)
龜裂(균열) 琴瑟(금슬) 旗幟(기치) 喫煙(끽연) 滑稽(골계) 汨沒(골몰)
誇示(과시) 官衙(관아) 刮目(괄목) 乖離(괴리) 魁首(괴수) 攪亂(교란)
敎唆(교사)

儺禮(나례) 懦弱(나약) 內人(나인) 裸體(나체) 拿捕(나포) 烙印(낙인)
難澁(난삽) 捺印(날인) 濫觴(남상) 拉致(납치) 狼藉(낭자) 內帑(내탕)
內訌(내홍) 鹿茸(녹용) 賂物(뇌물) 牢約(뇌약) 漏泄(누설) 訥辯(눌변)
凜然(늠연)

茶菓(다과) 團欒(단란) 簞食(단사) 端倪(단예) 曇天(담천) 踏襲(답습)
遝至(답지) 撞着(당착) 對峙(대치) 島嶼(도서) 陶冶(도야) 淘汰(도태)
瀆職(독직) 獨擅(독천) 動悸(동계) 冬眠(동면) 登攀(등반)

滿腔(만강) 萬朶(만타) 媒介(매개) 罵倒(매도) 魅力(매력) 邁進(매진)
驀進(맥진) 萌芽(맹아) 明澄(명징) 木瓜(모과) 牧丹(모란) 木鐸(목탁)
蒙昧(몽매) 杳然(묘연) 巫覡(무격) 毋論(무론) 拇印(무인) 彌滿(미만)
未洽(미흡)

撲滅(박멸) 剝奪(박탈) 反駁(반박) 半截(반절) 頒布(반포) 潑剌(발랄)
拔萃(발췌) 拔擢(발탁) 跋扈(발호) 幇助(방조) 拜謁(배알) 背馳(배치)

胚胎(배태)　反田(번전)　範疇(범주)　兵站(병참)　菩提(보리)　報酬(보수)
布施(보시)　補塡(보전)　敷衍(부연)　分泌(분비)　不朽(불후)　沸騰(비등)
飛翔(비상)　否塞(비색)　匕首(비수)　譬喩(비유)　頻數(빈삭)　嚬蹙(빈축)
憑藉(빙자)


詐欺(사기)　些少(사소)　社稷(사직)　奢侈(사치)　索莫(삭막)　數數(삭삭)
撒布(살포)　三昧(삼매)　芟除(삼제)　商賈(상고)　相殺(상쇄)　省略(생략)
逝去(서거)　棲息(서식)　先塋(선영)　星宿(성수)　洗滌(세척)　遡及(소급)
塑像(소상)　甦生(소생)　掃灑(소쇄)　騷擾(소요)　贖罪(속죄)　殺到(쇄도)
睡眠(수면)　數爻(수효)　馴致(순치)　猜忌(시기)　柴糧(시량)　示唆(시사)
十月(시월)　諡號(시호)　辛辣(신랄)　迅速(신속)


齷齪(악착)　軋轢(알력)　斡旋(알선)　謁見(알현)　哀悼(애도)　隘路(애로)
冶金(야금)　惹起(야기)　惹鬧(야료)　掠奪(약탈)　濾過(여과)　役割(역할)
儼然(엄연)　厭惡(염오)　領袖(영수)　囹圄(영어)　誤謬(오류)　嗚咽(오열)
惡寒(오한)　訛傳(와전)　渦中(와중)　瓦解(와해)　歪曲(왜곡)　猥濫(외람)
窯業(요업)　凹凸(요철)　聳動(용동)　容喙(용훼)　遊說(유세)　流暢(유창)
隱匿(은닉)　吟味(음미)　凝結(응결)　罹患(이환)　溺死(익사)　湮滅(인멸)
一括(일괄)　一切(일체)　孕胎(잉태)


孜孜(자자)　藉藉(자자)　綽綽(작작)　箴言(잠언)　這間(저간)　沮喪(저상)
詛呪(저주)　積阻(적조)　塡充(전충)　傳播(전파)　點睛(점정)　正鵠(정곡)
稠密(조밀)　造詣(조예)　措置(조치)　躊躇(주저)　駐箚(주차)　蠢動(준동)
浚渫(준설)　櫛比(즐비)　憎惡(증오)　支撐(지탱)　眞摯(진지)　桎梏(질곡)
叱責(질책)　斟酌(짐작)　執拗(집요)

斬新(참신)　懺悔(참회)　擅斷(천단)　闡明(천명)　喘息(천식)　穿鑿(천착)
鐵槌(철퇴)　尖端(첨단)　涕泣(체읍)　憔悴(초췌)　忖度(촌탁)　撮影(촬영)
追悼(추도)　醜態(추태)　秋毫(추호)　贅言(췌언)　衷心(충심)　熾烈(치열)
蟄居(칩거)　稱頌(칭송)

綻露(탄로)　彈劾(탄핵)　耽讀(탐독)　攄得(터득)　慟哭(통곡)　洞察(통찰)
推敲(퇴고)

派遣(파견)　破綻(파탄)　辨得(판득)　稗官(패관)　霸權(패권)　敗北(패배)
沛然(패연)　膨脹(팽창)　平坦(평탄)　閉塞(폐색)　褒賞(포상)　暴惡(포악)
捕捉(포착)　輻輳(폭주)　標識(표지)　分錢(푼전)　風靡(풍미)　跛立(피립)

虐政(학정)　汗衫(한삼)　割引(할인)　陝川(합천)　行列(항렬)　肛門(항문)
降伏(항복)　降將(항장)　偕老(해로)　楷書(해서)　解弛(해이)　諧謔(해학)
享樂(향락)　絢爛(현란)　孑孑(혈혈)　嫌惡(혐오)　荊棘(형극)　豪宕(호탕)
渾然(혼연)　忽然(홀연)　花瓣(화판)　廓然(확연)　滑走(활주)　恍惚(황홀)
賄賂(회뢰)　灰燼(회신)　膾炙(회자)　橫暴(횡포)　嚆矢(효시)　嗅覺(후각)
薨去(훙거)　毀損(훼손)　麾下(휘하)　恤兵(휼병)　欣快(흔쾌)　屹然(흘연)
恰似(흡사)　洽足(흡족)

## 3. 급수별 한자

### 1) 한자 급수 시험

학생과 일반인들의 한자 사용 능력을 체계적이고 객관적으로 평가하는 시험으로서 공공기관이나 기업체의 채용시험, 인사고과, 또는 각종 자격시험 등에 활용된다.

한자 급수 시험은 한국어문회의 한자능력검정시험, 한자교육진흥회의 한자자격시험, 한자교육연구회의 한자급수자격검정시험, 외국어평가원의 실용한자검정시험 등이 있다.

【출제 유형 예시】

| 출제 유형 | 예시 |
| --- | --- |
| 독음(讀音) | 한자의 소리를 묻는 문제.<br>예 행복에는 고통이 隨伴된다.<br>문묘에 謁見했다.<br>召命을 받들어 성직자가 되다. |
| 훈음(訓音) | 한자의 뜻과 소리를 동시에 묻는 문제.<br>예 崩( ), 繫( ), 醜( ) |
| 장단음<br>(長短音) | 한자 단어의 첫소리 발음이 길고 짧음을 구분하고 있는가를 묻는 문제. 4급 이상에서만 출제.<br>예 다음 한자어 중 첫소리가 長音인 것을 5개만 가려 그 기호를 쓰시오.<br>①業績 ②長成 ③刷新 ④長短 ⑤雄辯 ⑥研究 ⑦誤算 ⑧要點 ⑨容認 ⑩援助 |

| | | |
|---|---|---|
| 반의어<br>(反意語) | 어떤 글자와 반대 또는 상대되는 글자를 알고 있는가를 묻는 문제.<br>예 原因( ), 支出( ), 內包( ) | |
| 완성형<br>(完成型) | 고사성어나 단어의 빈칸을 채우도록 하여 단어와 성어의 이해력 및 조어력을 묻는 문제.<br>예 事必( )正, 朝三( )四, 小( )大失 | |
| 부수<br>(部首) | 한자의 부수를 묻는 문제.<br>예 다음 한자의 部首를 쓰시오.<br>　牽( ), 承( ), 良( ) | |
| 유의어<br>(類義語) | 어떤 글자(단어)와 뜻이 같거나 유사한 글자(단어)를 알고 있는가를 묻는 문제.<br>예 다음 한자어의 類義語를 쓰시오.<br>　祈-( ), 謹-( ), 文-( ) | |
| 동음이의어<br>(同音異議語) | 소리는 같고, 뜻은 다른 단어를 알고 있는가를 묻는 문제.<br>예 다음 漢字語의 同音異議語를 하나씩만 漢字로 쓰시오.<br>　肉聲-( ), 遲刻-( ), 香水-( ) | |
| 뜻풀이 | 고사성어나 단어의 뜻을 제대로 알고 있는가를 묻는 문제.<br>예 內外-( 　　　　　　) | |
| 필순(筆順) | 글자를 바르게 쓰도록 하기 위해 쓰는 순서를 알고 있는가를 묻는 문제.<br>예 父 자의 삐침( ノ )은 몇 번째에 쓰는지 번호로 답하시오. | |
| 약자(略字) | 한자의 획을 줄여서 만든 약자를 알고 있는가를 묻는 문제.<br>예 國( ), 棄( ), 數( ) | |
| 한자 쓰기 | 제시된 뜻, 소리, 단어 등에 해당하는 한자를 쓸 수 있는가를 확인하는 문제.<br>예 다음 뜻에 알맞은 漢字語를 漢字로 쓰시오.<br>　가정: 한 가족이 살림하고 있는 집( )<br>예 밑줄 친 漢字語를 漢字로 쓰시오.<br>　연주가 시작되자 그녀가 등장했다.<br>　실전 경험이 많은 의사 | |

## 2) 급수별 배정 한자

**6급**

| | | |
|---|---|---|
| 各 각각 각 | 角 뿔 각 | 感 느낄 감 |
| 强 굳셀 강 | 開 열 개 | 京 서울 경 |
| 界 지경 계 | 計 셀 계 | 古 예 고 |
| 苦 쓸 고 | 高 높을 고 | 功 힘쓸 공 |
| 公 공평할 공 | 共 함께 공 | 果 과실 과 |
| 科 과정 과 | 光 빛 광 | 交 사귈 교 |
| 區 구분할 구 | 球 공 구 | 郡 고을 군 |
| 近 가까울 근 | 根 뿌리 근 | 今 이제 금 |
| 急 급할 급 | 級 등급 급 | 多 많을 다 |
| 短 짧을 단 | 堂 집 당 | 代 대신할 대 |
| 待 기다릴 대 | 對 대할 대 | 度 법도 도 |
| 圖 그림 도 | 讀 읽을 독 | 童 아이 동 |
| 頭 머리 두 | 登 오를 등 | 樂 즐거울 락 |
| 例 법식 례 | 禮 예도 례 | 路 길 로 |
| 綠 푸를 록 | 李 오얏 리 | 利 이로울 리 |
| 理 다스릴 리 | 明 밝을 명 | 目 눈 목 |
| 聞 들을 문 | 米 쌀 미 | 美 아름다울 미 |
| 朴 순박할 박 | 反 되돌릴 반 | 半 반 반 |
| 班 나눌 반 | 發 필 발 | 放 놓을 방 |
| 番 차례 번 | 別 나눌 별 | 病 병 병 |
| 服 옷 복 | 本 근본 본 | 部 떼 부 |
| 分 나눌 분 | 死 죽을 사 | 使 하여금 사 |

社 모일 사　　書 글 서　　石 돌 석
席 자리 석　　線 줄 선　　雪 눈 설
成 이룰 성　　省 살필 성　　消 사라질 소
速 빠를 속　　孫 손자 손　　樹 나무 수
術 재주 술　　習 익힐 습　　勝 이길 승
始 처음 시　　式 법 식　　身 몸 신
新 새 신　　神 귀신 신　　信 믿을 신
失 잃을 실　　愛 사랑 애　　夜 밤 야
野 들 야　　弱 약할 약　　藥 약 약
洋 바다 양　　陽 볕 양　　言 말씀 언
業 업 업　　永 길 영　　英 꽃부리 영
溫 따뜻할 온　　用 쓸 용　　勇 날랠 용
運 옮길 운　　園 동산 원　　遠 멀 원
由 말미암을 유　　油 기름 유　　銀 은 은
音 소리 음　　飮 마실 음　　衣 옷 의
意 뜻 의　　醫 의원 의　　者 사람 자
作 지을 작　　昨 어제 작　　章 글 장
才 재주 재　　在 있을 재　　戰 싸움 전
定 정할 정　　庭 뜰 정　　第 차례 제
題 제목 제　　朝 아침 조　　族 겨레 족
注 물댈 주　　晝 낮 주　　集 모일 집
窓 창문 창　　淸 맑을 청　　體 몸 체
親 친할 친　　太 클 태　　通 통할 통
特 특별할 특　　表 겉 표　　風 바람 풍
合 합할 합　　行 갈 행　　幸 다행 행
向 향할 향　　現 나타날 현　　形 모양 형

號 이름 호　　　和 화할 화　　　畵 그림 화
黃 누를 황　　　會 모일 회　　　訓 가르칠 훈

## 5급

價 값 가　　　可 옳을 가　　　加 더할 가
改 고칠 개　　　客 손 객　　　擧 들 거
去 갈 거　　　建 세울 건　　　件 물건 건
健 굳셀 건　　　格 격식 격　　　見 볼 견
決 결단할 결　　　敬 공경할 경　　　景 경치 경
輕 가벼울 경　　　競 다툴 경　　　告 고할 고
考 상고할 고　　　結 맺을 결　　　固 굳을 고
橋 다리 교　　　給 공급할 급　　　曲 굽을 곡
課 과정 과　　　過 지날 과　　　關 빗장 관
觀 볼 관　　　廣 넓을 광　　　舊 예 구
具 갖출 구　　　救 구원할 구　　　局 판 국
貴 귀할 귀　　　規 법 규　　　己 자기 기
基 터 기　　　技 기술 기　　　汽 김 기
期 기약할 기　　　吉 길할 길　　　念 생각 념
能 능할 능　　　團 둥글 단　　　壇 제터 단
談 말씀 담　　　當 마땅할 당　　　德 큰 덕
到 이를 도　　　島 섬 도　　　都 도읍 도
獨 홀로 독　　　落 떨어질 락　　　朗 밝을 랑
冷 찰 랭　　　良 어질 량　　　量 헤아릴 량
旅 나그네 려　　　歷 지날 력　　　練 익힐 련
領 거느릴 령　　　令 하여금 령　　　勞 힘쓸 로

料 헤아릴 료
陸 뭍 륙
望 바랄 망
買 살 매
法 법 법
福 복 복
鼻 코 비
仕 벼슬할 사
思 생각할 사
産 낳을 산
賞 상줄 상
鮮 고울 선
選 가릴 선
歲 해 세
首 머리 수
示 보일 시
實 열매 실
案 책상 안
魚 물고기 어
熱 더울 열
完 완전할 완
浴 목욕할 욕
牛 소 우
元 으뜸 원
院 집 원
以 써 이

類 무리 류
馬 말 마
亡 망할 망
無 없을 무
變 변할 변
奉 받들 봉
費 쓸 비
士 선비 사
寫 베낄 사
相 서로 상
序 차례 서
善 착할 선
設 말씀 설
洗 씻을 세
宿 잘 숙
識 알 식
兒 아이 아
約 맺을 약
漁 고기 잡을 어
葉 잎 엽
要 요구할 요
雨 비 우
雲 구름 운
原 근원 원
偉 클 위
耳 귀 이

流 흐를 류
末 끝 말
賣 팔 매
倍 곱 배
兵 병사 병
比 견줄 비
氷 얼음 빙
史 역사 사
査 조사할 사
商 장사 상
仙 신선 선
船 배 선
性 성 성
束 묶을 속
順 순서 순
臣 신하 신
惡 악할 악
養 기를 양
億 억 억
屋 집 옥
曜 빛날 요
友 벗 우
雄 수컷 웅
願 원할 원
位 자리 위
因 인할 인

任 맡길 임    財 재물 재    材 재목 재
災 재앙 재    再 다시 재    爭 다툴 쟁
貯 쌓을 저    的 과녁 적    赤 붉을 적
典 법 전      傳 전할 전    展 펼 전
切 끊을 절    節 마디 절    店 가게 점
情 뜻 정      停 머무를 정  操 잡을 조
調 고를 조    卒 마칠 졸    種 씨 종
終 마칠 종    罪 허물 죄    週 돌 주
州 고을 주    知 알 지      止 그칠 지
質 바탕 질    着 붙을 착    參 참여할 참
唱 부를 창    責 꾸짖을 책  鐵 쇠 철
初 처음 초    他 다를 타    最 가장 최
祝 빌 축      充 채울 충    致 이를 치
則 법칙 칙    打 칠 타      卓 높을 탁
炭 숯 탄      宅 집 택      板 널조각 판
敗 패할 패    品 물건 품    必 반드시 필
筆 붓 필      河 물 하      寒 찰 한
害 해칠 해    許 허락할 허  湖 호수 호
化 될 화      患 근심 환    效 본받을 효
黑 검을 흑    凶 흉할 흉

### 4급 II

假 거짓 가    街 거리 가    減 덜 감
監 볼 감      康 편안할 강  講 외울 강
個 낱 개      檢 검사할 검  缺 이지러질 결

| | | |
|---|---|---|
| 潔 깨끗할 결 | 經 날 경 | 警 경계할 경 |
| 境 지경 경 | 慶 경사 경 | 係 맬 계 |
| 故 까닭 고 | 官 벼슬 관 | 究 궁구할 구 |
| 句 글귀 구 | 求 구할 구 | 宮 집 궁 |
| 權 권리 권 | 極 다할 극 | 禁 금할 금 |
| 起 일어날 기 | 器 그릇 기 | 暖 따뜻할 난 |
| 難 어려울 난 | 努 힘쓸 노 | 怒 성낼 노 |
| 單 홑 단 | 端 끝 단 | 檀 박달나무 단 |
| 斷 끊을 단 | 達 통달할 달 | 擔 맡을 담 |
| 黨 무리 당 | 帶 띠 대 | 隊 무리 대 |
| 導 인도할 도 | 毒 독 독 | 督 감독할 독 |
| 銅 구리 동 | 斗 말 두 | 豆 콩 두 |
| 得 얻을 득 | 燈 등불 등 | 羅 벌릴 라 |
| 兩 두 량 | 麗 고울 려 | 連 이을 련 |
| 列 벌릴 렬 | 錄 기록할 록 | 論 논할 론 |
| 留 머무를 류 | 律 법률 률 | 滿 찰 만 |
| 脈 줄기 맥 | 毛 털 모 | 牧 칠 목 |
| 武 호반 무 | 務 힘쓸 무 | 未 아닐 미 |
| 味 맛 미 | 密 빽빽할 밀 | 博 넓을 박 |
| 防 막을 방 | 房 방 방 | 訪 찾을 방 |
| 背 등 배 | 拜 절 배 | 配 짝 배 |
| 伐 칠 벌 | 罰 벌 벌 | 壁 벽 벽 |
| 邊 가 변 | 步 걸음 보 | 保 지킬 보 |
| 報 갚을 보 | 寶 보물 보 | 復 다시 부/회복 복 |
| 府 마을 부 | 富 부유할 부 | 副 버금 부 |
| 婦 아내 부 | 佛 부처 불 | 非 아닐 비 |

| | | |
|---|---|---|
| 悲 슬플 비 | 飛 날 비 | 備 갖출 비 |
| 貧 가난할 빈 | 寺 절 사 | 舍 집 사 |
| 師 스승 사 | 謝 사례할 사 | 殺 죽일 살 |
| 床 상 상 | 狀 형상 상 | 常 항상 상 |
| 想 생각 상 | 設 베풀 설 | 城 성 성 |
| 盛 성할 성 | 誠 정성 성 | 星 별 성 |
| 聖 성인 성 | 聲 소리 성 | 細 가늘 세 |
| 稅 조세 세 | 勢 기세 세 | 素 흴 소 |
| 笑 웃음 소 | 掃 쓸 소 | 俗 풍속 속 |
| 續 이을 속 | 送 보낼 송 | 守 지킬 수 |
| 收 거둘 수 | 受 받을 수 | 授 줄 수 |
| 修 닦을 수 | 純 순수할 순 | 承 이을 승 |
| 是 이 시 | 施 베풀 시 | 視 볼 시 |
| 詩 시 시 | 試 시험할 시 | 息 쉴 식 |
| 申 펼 신 | 深 깊을 심 | 眼 눈 안 |
| 暗 어두울 암 | 壓 누를 압 | 液 진 액 |
| 羊 양 양 | 如 같을 여 | 餘 남을 여 |
| 逆 거스를 역 | 硏 갈 연 | 煙 연기 연 |
| 演 통할 연 | 榮 영화 영 | 藝 재주 예 |
| 誤 그릇할 오 | 玉 구슬 옥 | 往 갈 왕 |
| 謠 노래 요 | 容 얼굴 용 | 員 인원 원 |
| 圓 둥글 원 | 爲 할 위 | 衛 지킬 위 |
| 肉 고기 육 | 恩 은혜 은 | 陰 그늘 음 |
| 應 응할 응 | 義 옳을 의 | 議 의논할 의 |
| 移 옮길 이 | 益 더할 익 | 引 끌 인 |
| 印 도장 인 | 認 알 인 | 將 장수 장 |

| | | |
|---|---|---|
| 障 막을 장 | 低 낮을 저 | 敵 대적할 적 |
| 田 밭 전 | 絶 끊을 절 | 接 접할 접 |
| 政 정사 정 | 程 길 정 | 精 찧을 정 |
| 制 만들 제 | 製 지을 제 | 除 덜 제 |
| 祭 제사 제 | 際 사이 제 | 提 끌 제 |
| 濟 건널 제 | 早 일찍 조 | 助 도울 조 |
| 造 지을 조 | 鳥 새 조 | 尊 높을 존 |
| 宗 마루 종 | 走 달릴 주 | 竹 대나무 죽 |
| 準 준할 준 | 衆 무리 중 | 增 더할 증 |
| 支 지탱할 지 | 至 이를 지 | 志 뜻 지 |
| 指 손가락 지 | 職 직업 직 | 眞 참 진 |
| 進 나갈 진 | 次 버금 차 | 察 살필 찰 |
| 創 비롯할 창 | 處 곳 처 | 請 청할 청 |
| 銃 총 총 | 總 거느릴 총 | 蓄 모을 축 |
| 築 쌓을 축 | 忠 충성 충 | 蟲 벌레 충 |
| 取 취할 취 | 測 헤아릴 측 | 治 다스릴 치 |
| 置 둘 치 | 齒 이 치 | 侵 침범할 침 |
| 快 상쾌할 쾌 | 態 모양 태 | 統 거느릴 통 |
| 退 물러날 퇴 | 波 물결 파 | 破 깰 파 |
| 布 베 포 | 包 쌀 포 | 砲 대포 포 |
| 暴 사나울 폭 | 票 표 표 | 豊 풍부할 풍 |
| 限 한할 한 | 航 배 항 | 港 항구 항 |
| 解 풀이할 해 | 香 향기 향 | 鄕 시골 향 |
| 虛 빌 허 | 驗 시험 험 | 賢 어질 현 |
| 血 피 혈 | 協 화할 협 | 惠 은혜 혜 |
| 戶 집 호 | 好 좋아할 호 | 護 보호할 호 |

呼 부를 호
回 돌 회
希 바랄 희

貨 재화 화
吸 마실 흡

確 굳을 확
興 흥할 흥

## 4급

暇 겨를 가
干 방패 간
甘 달 감
降 내릴 강
拒 막을 거
傑 뛰어날 걸
擊 칠 격
傾 기울 경
戒 경계할 계
階 섬돌 계
孤 외로울 고
困 곤할 곤
攻 칠 공
構 얽을 구
屈 굽을 굴
勸 권할 권
均 고를 균
勤 부지런할 근
寄 부칠 기
段 구분 단

刻 새길 각
看 볼 간
敢 감히 감
更 다시 갱
居 살 거
儉 검소할 검
犬 개 견
驚 놀랄 경
系 이어맬 계
鷄 닭 계
庫 창고 고
骨 뼈 골
管 대롱 관
君 임금 군
窮 다할 궁
卷 책 권
劇 심할 극
紀 벼리 기
機 베틀 기
徒 무리 도

覺 깨달을 각
簡 대쪽 간
甲 갑옷 갑
巨 클 거
據 의거할 거
激 격할 격
堅 굳을 견
鏡 거울 경
季 막내 계
繼 이을 계
穀 곡식 곡
孔 구멍 공
鑛 쇳돌 광
群 무리 군
券 문서 권
歸 돌아갈 귀
筋 힘줄 근
奇 기이할 기
納 바칠 납
逃 달아날 도

| | | |
|---|---|---|
| 盜 훔칠 도 | 卵 알 란 | 亂 어지러울 란 |
| 覽 볼 람 | 略 줄일 략 | 糧 양식 량 |
| 慮 생각할 려 | 烈 매울 렬 | 龍 용 룡 |
| 柳 버들 류 | 輪 바퀴 륜 | 離 떠날 리 |
| 妹 작은 누이 매 | 勉 힘쓸 면 | 鳴 울 명 |
| 模 법 모 | 妙 묘할 묘 | 墓 무덤 묘 |
| 舞 춤출 무 | 拍 칠 박 | 髮 머리카락 발 |
| 妨 방해할 방 | 犯 범할 범 | 範 모범 범 |
| 辯 말잘할 변 | 普 널리 보 | 伏 엎드릴 복 |
| 複 겹칠 복 | 否 아닐 부 | 負 짐질 부 |
| 粉 가루 분 | 憤 분할 분 | 批 비평할 비 |
| 秘 숨길 비 | 碑 비석 비 | 私 사사로울 사 |
| 射 쏠 사 | 絲 실 사 | 辭 말 사 |
| 散 흩을 산 | 象 코끼리 상 | 傷 상처 상 |
| 宣 베풀 선 | 舌 혀 설 | 屬 속할 속 |
| 損 덜 손 | 松 소나무 송 | 頌 기릴 송 |
| 秀 빼어날 수 | 叔 아재비 숙 | 肅 엄숙할 숙 |
| 崇 높을 숭 | 氏 성 씨 | 額 이마 액 |
| 樣 모양 양 | 嚴 엄할 엄 | 與 줄 여 |
| 易 바꿀 역/쉬울 이 | 域 지경 역 | 延 끌 연 |
| 鉛 납 연 | 緣 인연 연 | 燃 불탈 연 |
| 迎 맞이할 영 | 映 비칠 영 | 營 경영할 영 |
| 豫 미리 예 | 郵 우편 우 | 遇 만날 우 |
| 優 넉넉할 우 | 怨 원망할 원 | 源 원천 원 |
| 援 도울 원 | 危 위태로울 위 | 委 맡길 위 |
| 威 위엄 위 | 圍 둘레 위 | 慰 위로할 위 |

| | | |
|---|---|---|
| 乳 젖 유 | 遊 놀 유 | 遺 남길 유 |
| 儒 선비 유 | 隱 숨길 은 | 依 의지할 의 |
| 儀 거동 의 | 疑 의심할 의 | 異 다를 이 |
| 仁 어질 인 | 姉 큰누이 자 | 姿 모습 자 |
| 資 재물 자 | 殘 남을 잔 | 雜 섞일 잡 |
| 壯 씩씩할 장 | 裝 꾸밀 장 | 腸 창자 장 |
| 張 베풀 장 | 帳 장막 장 | 奬 장려할 장 |
| 底 밑 저 | 賊 도둑 적 | 適 갈 적 |
| 積 쌓을 적 | 績 길쌈할 적 | 籍 문서 적 |
| 專 오로지 전 | 轉 구를 전 | 錢 돈 전 |
| 折 꺾을 절 | 占 점칠 점 | 點 점 점 |
| 丁 장정 정 | 整 가지런할 정 | 靜 고요할 정 |
| 帝 임금 제 | 組 짤 조 | 條 가지 조 |
| 潮 조수 조 | 存 있을 존 | 從 좇을 종 |
| 鍾 쇠북 종 | 座 자리 좌 | 朱 붉을 주 |
| 周 두루 주 | 酒 술 주 | 證 증거 증 |
| 持 가질 지 | 智 지혜 지 | 誌 기록할 지 |
| 織 짤 직 | 珍 보배 진 | 陣 진칠 진 |
| 盡 다할 진 | 差 어긋날 차 | 讚 기릴 찬 |
| 採 캘 채 | 册 책 책 | 泉 샘 천 |
| 聽 들을 청 | 廳 관청 청 | 招 부를 초 |
| 推 밀 추 | 縮 줄일 축 | 趣 달릴 취 |
| 就 나갈 취 | 層 층계 층 | 寢 잠잘 침 |
| 針 바늘 침 | 稱 일컬을 칭 | 彈 탈 탄 |
| 歎 탄식할 탄 | 脫 벗을 탈 | 探 찾을 탐 |
| 擇 가릴 택 | 討 칠 토 | 痛 아플 통 |

投 던질 투
判 판단할 판
閉 닫을 폐
標 표할 표
恨 한 한
核 씨 핵
革 가죽 혁
或 혹시 혹
紅 붉을 홍
歡 기뻐할 환
厚 두터울 후
喜 기쁠 희

鬪 싸움 투
篇 책 편
胞 세포 포
疲 피곤할 피
閑 한가할 한
憲 법 헌
顯 나타날 현
婚 혼인할 혼
華 빛날 화
況 하물며 황
候 날씨 후

派 갈래 파
評 평할 평
爆 터질 폭
避 피할 피
抗 막을 항
險 험할 험
刑 형벌 형
混 섞일 혼
環 고리 환
灰 재 회
揮 휘두를 휘

## 3급 II

佳 아름다울 가
閣 집 각
幹 줄기 간
剛 굳셀 강
介 낄 개
距 상거할 거
隔 사이뜰 격
謙 겸손할 겸
頃 이랑 경
啓 열 계
溪 시내 계

架 시렁 가
刊 새길 간
懇 간절할 간
鋼 강철 강
槪 대개 개
乾 하늘 건
訣 이별할 결
耕 밭갈 경
徑 지름길 경
桂 계수나무 계
姑 시어미 고

脚 다리 각
肝 간 간
鑑 거울 감
綱 벼리 강
蓋 덮을 개
劍 칼 검
兼 겸할 겸
硬 굳을 경
契 맺을 계
械 기계 계
鼓 북 고

| | | |
|---|---|---|
| 稿 원고 고 | 谷 골 곡 | 哭 울 곡 |
| 供 이바지할 공 | 恭 공손할 공 | 貢 바칠 공 |
| 恐 두려울 공 | 誇 자랑할 과 | 寡 적을 과 |
| 冠 갓 관 | 貫 꿸 관 | 寬 너그러울 관 |
| 慣 익숙할 관 | 館 집 관 | 狂 미칠 광 |
| 怪 괴이할 괴 | 壞 무너질 괴 | 巧 공교할 교 |
| 較 비교 교 | 丘 언덕 구 | 久 오랠 구 |
| 拘 잡을 구 | 菊 국화 국 | 弓 활 궁 |
| 拳 주먹 권 | 鬼 귀신 귀 | 菌 버섯 균 |
| 克 이길 극 | 禽 새 금 | 琴 거문고 금 |
| 錦 비단 금 | 及 미칠 급 | 企 꾀할 기 |
| 其 그 기 | 騎 말탈 기 | 祈 빌 기 |
| 畿 경기 기 | 緊 긴할 긴 | 諾 허락할 낙 |
| 娘 계집 낭 | 耐 견딜 내 | 寧 편안 녕 |
| 奴 종 노 | 腦 골 뇌 | 泥 진흙 니 |
| 茶 차 다 | 丹 붉을 단 | 旦 아침 단 |
| 但 다만 단 | 淡 맑을 담 | 踏 밟을 답 |
| 唐 당나라 당 | 糖 엿 당 | 臺 대 대 |
| 貸 빌릴 대 | 刀 칼 도 | 渡 건널 도 |
| 途 길 도 | 倒 넘어질 도 | 桃 복숭아 도 |
| 陶 질그릇 도 | 突 갑자기 돌 | 凍 얼 동 |
| 絡 이을 락 | 欄 난간 란 | 蘭 난초 란 |
| 浪 물결 랑 | 梁 들보 량 | 郞 사내 랑 |
| 廊 사랑채 랑 | 凉 서늘할 량 | 勵 힘쓸 려 |
| 曆 책력 력 | 戀 그리워할 련 | 鍊 단련할 련 |
| 蓮 연꽃 련 | 聯 연이을 련 | 裂 찢어질 렬 |

| | | |
|---|---|---|
| 嶺 고개 령 | 靈 신령 령 | 露 이슬 로 |
| 祿 녹 록 | 雷 우레 뢰 | 爐 화로 로 |
| 弄 희롱할 롱 | 賴 의뢰할 뢰 | 樓 다락 루 |
| 漏 샐 루 | 累 여러 루 | 倫 인륜 륜 |
| 栗 밤 률 | 率 비율 률/거느릴 솔 | 隆 높을 륭 |
| 陵 언덕 릉 | 吏 벼슬아치 리 | 履 밟을 리 |
| 裏 속 리 | 臨 임할 림 | 磨 갈 마 |
| 麻 삼 마 | 漠 넓을 막 | 莫 없을 막 |
| 幕 장막 막 | 晩 늦을 만 | 妄 망령될 망 |
| 梅 매화 매 | 媒 중매 매 | 麥 보리 맥 |
| 孟 맏 맹 | 盟 맹세 맹 | 猛 사나울 맹 |
| 盲 눈멀 맹 | 綿 솜 면 | 眠 잘 면 |
| 免 면할 면 | 滅 꺼질 멸 | 銘 새길 명 |
| 慕 그릴 모 | 謀 꾀 모 | 貌 모양 모 |
| 睦 화목할 목 | 沒 빠질 몰 | 夢 꿈 몽 |
| 蒙 어두울 몽 | 茂 무성할 무 | 貿 무역할 무 |
| 默 잠잠할 묵 | 墨 먹 묵 | 紋 무늬 문 |
| 勿 말 물 | 尾 꼬리 미 | 微 자을 미 |
| 薄 엷을 박 | 迫 핍박할 박 | 般 일반 반 |
| 飯 밥 반 | 盤 소반 반 | 拔 뽑을 발 |
| 芳 꽃다울 방 | 輩 무리 배 | 排 밀칠 배 |
| 培 북돋울 배 | 伯 맏 백 | 繁 번성할 번 |
| 凡 무릇 범 | 碧 푸를 벽 | 丙 남녘 병 |
| 補 기울 보 | 譜 족보 보 | 覆 다시 복 |
| 腹 배 복 | 峯 봉우리 봉 | 封 봉할 봉 |
| 逢 만날 봉 | 鳳 새 봉 | 扶 도울 부 |

| | | |
|---|---|---|
| 浮 뜰 부 | 簿 문서 부 | 賦 부세 부 |
| 付 부칠 부 | 符 부호 부 | 附 붙을 부 |
| 腐 썩을 부 | 奔 달릴 분 | 奮 떨칠 분 |
| 紛 어지러울 분 | 拂 떨칠 불 | 婢 계집종 비 |
| 卑 낮을 비 | 肥 살찔 비 | 妃 왕비 비 |
| 邪 간사할 사 | 蛇 긴뱀 사 | 詞 글 사 |
| 司 맡을 사 | 沙 모래 사 | 祀 제사 사 |
| 斜 비낄 사 | 削 깎을 삭 | 森 수풀 삼 |
| 像 모양 상 | 償 갚을 상 | 尙 오히려 상 |
| 霜 서리 상 | 喪 잃을 상 | 詳 자세할 상 |
| 裳 치마 상 | 桑 뽕나무 상 | 索 찾을 색 |
| 塞 막힐 색/변방 새 | 署 관청 서 | 緖 실마리 서 |
| 恕 용서할 서 | 徐 천천할 서 | 惜 아낄 석 |
| 釋 풀 석 | 旋 돌 선 | 禪 선 선 |
| 疏 드물 소 | 蘇 되살아날 소 | 燒 사를 소 |
| 訴 호소할 소 | 訟 송사할 송 | 刷 인쇄할 쇄 |
| 鎖 쇠사슬 쇄 | 衰 쇠할 쇠 | 愁 근심 수 |
| 殊 다를 수 | 垂 드리울 수 | 隨 따를 수 |
| 壽 목숨 수 | 輸 보낼 수 | 需 쓰일 수 |
| 帥 장수 수 | 獸 짐승 수 | 淑 맑을 숙 |
| 熟 익을 숙 | 瞬 눈 깜짝일 순 | 巡 돌 순 |
| 旬 열흘 순 | 述 펼 술 | 拾 주울 습 |
| 濕 젖을 습 | 襲 엄습할 습 | 昇 오를 승 |
| 僧 중 승 | 乘 탈 승 | 侍 모실 시 |
| 飾 꾸밀 식 | 愼 삼갈 신 | 審 살필 심 |
| 甚 심할 심 | 雙 두 쌍 | 我 나 아 |

雅 맑을 아　　亞 버금 아　　芽 싹 아
牙 어금니 아　阿 언덕 아　　顔 낯 안
岸 언덕 안　　巖 바위 암　　央 가운데 앙
仰 우러를 앙　哀 슬플 애　　若 같을 약
揚 날릴 양　　讓 사양할 양　壤 흙덩이 양
御 거느릴 어　抑 누를 억　　憶 생각할 억
亦 또 역　　　疫 전염병 역　譯 번역할 역
役 부릴 역　　驛 역 역　　　沿 따를 연
軟 연할 연　　宴 잔치 연　　燕 제비 연
悅 기쁠 열　　染 물들 염　　炎 불꽃 염
鹽 소금 염　　影 그림자 영　譽 기릴 예
烏 까마귀 오　悟 깨달을 오　獄 감옥 옥
瓦 기와 와　　緩 느릴 완　　辱 욕될 욕
慾 욕심 욕　　欲 하고자 할 욕　憂 근심 우
羽 깃 우　　　愚 어리석을 우　宇 집 우
偶 짝 우　　　韻 운 운　　　越 넘을 월
謂 이를 위　　僞 거짓 위　　胃 밥통 위
幽 그윽할 유　誘 꾈 유　　　裕 넉넉할 유
悠 멀 유　　　維 벼리 유　　柔 부드러울 유
幼 어릴 유　　猶 오히려 유　潤 불을 윤
乙 새 을　　　淫 음란할 음　已 이미 이
翼 날개 익　　忍 참을 인　　逸 편안할 일
壬 북방 임　　賃 품삯 임　　慈 사랑 자
紫 자줏빛 자　潛 잠길 잠　　刺 찌를 자
暫 잠깐 잠　　藏 감출 장　　粧 단장할 장
掌 손바닥 장　莊 씩씩할 장　丈 어른 장

| | | |
|---|---|---|
| 臟 오장 장 | 葬 장사지낼 장 | 載 실을 재 |
| 栽 심을 재 | 裁 옷마를 재 | 著 나타날 저 |
| 抵 막을 저 | 寂 고요할 적 | 摘 딸 적 |
| 跡 발자취 적 | 蹟 자취 적 | 笛 피리 적 |
| 殿 전각 전 | 漸 점점 점 | 貞 곧을 정 |
| 淨 깨끗할 정 | 井 우물 정 | 頂 정수리 정 |
| 亭 정자 정 | 廷 조정 정 | 征 칠 정 |
| 齊 가지런할 제 | 諸 모두 제 | 照 비칠 조 |
| 租 조세 조 | 兆 억조 조 | 縱 세로 종 |
| 坐 앉을 좌 | 柱 기둥 주 | 株 그루 주 |
| 珠 구슬 주 | 洲 물가 주 | 宙 집 주 |
| 鑄 쇠불릴 주 | 奏 아뢸 주 | 仲 버금 중 |
| 卽 곧 즉 | 憎 미울 증 | 曾 일찍 증 |
| 症 증세 증 | 蒸 찔 증 | 枝 가지 지 |
| 之 갈 지 | 池 못 지 | 振 떨칠 진 |
| 陳 베풀 진 | 辰 별 진 | 震 우뢰 진 |
| 鎭 진압할 진 | 疾 병 질 | 秩 차례 질 |
| 執 잡을 집 | 徵 부를 징 | 借 빌릴 차 |
| 此 이 차 | 錯 어긋날 착 | 贊 도울 찬 |
| 倉 곳집 창 | 昌 창성할 창 | 蒼 푸를 창 |
| 菜 나물 채 | 債 빚 채 | 彩 채색 채 |
| 策 꾀 책 | 妻 아내 처 | 拓 넓힐 척 |
| 尺 자 척 | 戚 친척 척 | 踐 밟을 천 |
| 淺 얕을 천 | 賤 천할 천 | 遷 옮길 천 |
| 哲 밝을 철 | 徹 통할 철 | 滯 막힐 체 |
| 肖 닮을 초 | 超 뛰어넘을 초 | 礎 주춧돌 초 |

促 재촉할 촉　　觸 닿을 촉　　催 재촉할 최
追 쫓을 추　　　畜 짐승 축　　衝 찌를 충
吹 불 취　　　　醉 취할 취　　側 곁 측
値 값 치　　　　恥 부끄러울 치　稚 어릴 치
漆 옻 칠　　　　沈 잠길 침/성 심　浸 스며들 침
奪 빼앗을 탈　　塔 탑 탑　　　湯 끓을 탕
殆 거의 태　　　泰 클 태　　　澤 못 택
兎 토끼 토　　　吐 토할 토　　透 통할 투
版 판목 판　　　片 조각 편　　編 엮을 편
偏 치우칠 편　　弊 폐단 폐　　肺 허파 폐
廢 폐할 폐　　　浦 물가 포　　捕 잡을 포
楓 단풍 풍　　　皮 가죽 피　　被 입을 피
彼 저 피　　　　畢 마칠 필　　荷 멜 하
何 어찌 하　　　賀 하례할 하　鶴 학 학
汗 땀 한　　　　割 벨 할　　　含 머금을 함
陷 빠질 함　　　項 항목 항　　恒 항상 항
響 울릴 향　　　獻 드릴 헌　　玄 검을 현
懸 달 현　　　　穴 굴 혈　　　脅 위협할 협
衡 저울대 형　　慧 슬기로울 혜　浩 넓을 호
胡 오랑캐 호　　虎 범 호　　　豪 호걸 호
惑 미혹할 혹　　魂 넋 혼　　　忽 갑자기 홀
洪 넓을 홍　　　禍 재앙 화　　還 돌아올 환
換 바꿀 환　　　荒 거칠 황　　皇 임금 황
悔 뉘우칠 회　　懷 품을 회　　劃 그을 획
獲 얻을 획　　　橫 가로 횡　　胸 가슴 흉
戱 놀이 희　　　稀 드물 희

## 3급

| | | |
|---|---|---|
| 却 물리칠 각 | 姦 간음할 간 | 渴 목마를 갈 |
| 皆 다 개 | 慨 슬퍼할 개 | 乞 빌 걸 |
| 遣 보낼 견 | 絹 비단 견 | 肩 어깨 견 |
| 牽 이끌 견 | 竟 마침내 경 | 卿 벼슬 경 |
| 庚 별 경 | 癸 천간 계 | 繫 맬 계 |
| 顧 돌아볼 고 | 枯 마를 고 | 坤 땅 곤 |
| 郭 둘레 곽 | 掛 걸 괘 | 愧 부끄러울 괴 |
| 塊 흙덩이 괴 | 郊 들 교 | 矯 바로잡을 교 |
| 狗 개 구 | 苟 진실로 구 | 懼 두려워할 구 |
| 驅 몰 구 | 俱 함께 구 | 厥 그 궐 |
| 軌 바퀴자국 궤 | 龜 거북 구(귀)/터질 균 | 叫 부르짖을 규 |
| 糾 얽힐 규 | 僅 겨우 근 | 斤 근 근 |
| 謹 삼갈 근 | 肯 즐길 긍 | 忌 꺼릴 기 |
| 幾 몇 기 | 棄 버릴 기 | 豈 어찌 기 |
| 旣 이미 기 | 飢 주릴 기 | 那 어찌 나 |
| 乃 이에 내 | 奈 어찌 내 | 惱 번뇌할 뇌 |
| 畓 논 답 | 跳 뛸 도 | 挑 돋울 도 |
| 稻 벼 도 | 塗 칠할 도 | 篤 도타울 독 |
| 敦 도타울 돈 | 豚 돼지 돈 | 鈍 둔할 둔 |
| 屯 진칠 둔 | 騰 오를 등 | 濫 넘칠 람 |
| 掠 노략질할 략 | 諒 믿을 량 | 憐 불쌍히 여길 련 |
| 劣 못할 렬 | 廉 청렴할 렴 | 獵 사냥 렵 |
| 零 떨어질 령 | 隷 종 례 | 鹿 사슴 록 |
| 了 마칠 료 | 僚 동료 료 | 淚 눈물 루 |

屢 여러 루
慢 거만할 만
茫 아득할 망
埋 묻을 매
某 아무 모
侮 업신여길 모
卯 토끼 묘
眉 눈썹 미
敏 민첩할 민
返 돌이킬 반
傍 곁 방
杯 잔 배
辨 분별할 변
卜 점 복
墳 무덤 분
賓 손 빈
似 닮을 사
詐 속일 사
朔 초하루 삭
暑 더울 서
逝 갈 서
析 쪼갤 석
蔬 나물 소
召 부를 소
囚 가둘 수
須 모름지기 수

梨 배 리
漫 흩어질 만
罔 없을 망
冥 어두울 명
暮 저물 모
苗 모 묘
霧 안개 무
迷 미혹할 미
蜜 꿀 밀
叛 배반할 반
邦 나라 방
煩 번거로울 번
竝 나란히 병
蜂 벌 봉
崩 무너질 붕
頻 자주 빈
巳 뱀 사
斯 이 사
嘗 맛볼 상
庶 여러 서
誓 맹세할 서
涉 건널 섭
騷 떠들 소
粟 조 속
誰 누구 수
雖 비록 수

隣 이웃 린
忙 바쁠 망
忘 잊을 망
募 모을 모
冒 무릅쓸 모
廟 사당 묘
戊 천간 무
憫 민망할 민
泊 머무를 박
伴 짝 반
倣 본뜰 방
飜 번역할 번
屛 병풍 병
赴 다다를 부
朋 벗 붕
聘 부를 빙
捨 버릴 사
賜 줄 사
祥 상서 상
敍 펼 서
昔 예 석
攝 다스릴 섭
昭 밝을 소
誦 외울 송
遂 드디어 수
睡 졸음 수

| | | |
|---|---|---|
| 搜 찾을 수 | 孰 누구 숙 | 循 돌 순 |
| 殉 따라죽을 순 | 脣 입술 순 | 戌 개 술 |
| 矢 화살 시 | 辛 매울 신 | 晨 새벽 신 |
| 伸 펼 신 | 尋 찾을 심 | 餓 주릴 아 |
| 岳 큰산 악 | 雁 기러기 안 | 謁 뵐 알 |
| 押 누를 압 | 殃 재앙 앙 | 涯 물가 애 |
| 厄 액 액 | 耶 어조사 야 | 也 이끼 야 |
| 躍 뛸 약 | 楊 버들 양 | 於 어조사 어 |
| 焉 어찌 언 | 余 나 여 | 予 나 여 |
| 汝 너 여 | 輿 수레 여 | 閱 볼 열 |
| 詠 읊을 영 | 泳 헤엄칠 영 | 銳 날카로울 예 |
| 傲 거만할 오 | 吾 나 오 | 汚 더러울 오 |
| 嗚 슬플 오 | 娛 즐길 오 | 翁 늙은이 옹 |
| 擁 낄 옹 | 臥 누울 와 | 曰 가로 왈 |
| 畏 두려워할 외 | 遙 멀 요 | 腰 허리 요 |
| 搖 흔들 요 | 庸 떳떳할 용 | 尤 더욱 우 |
| 又 또 우 | 于 어조사 우 | 云 이를 운 |
| 緯 씨 위 | 違 어긋날 위 | 愈 나을 유 |
| 酉 닭 유 | 惟 생각할 유 | 唯 오직 유 |
| 閏 윤달 윤 | 吟 읊을 음 | 泣 울 읍 |
| 凝 엉길 응 | 宜 마땅 의 | 矣 어조사 의 |
| 而 말 이을 이 | 夷 오랑캐 이 | 寅 범 인 |
| 姻 혼인 인 | 恣 방자할 자 | 茲 이 자 |
| 爵 벼슬 작 | 酌 술부을 작 | 墻 담 장 |
| 哉 어조사 재 | 宰 재상 재 | 滴 물방울 적 |
| 竊 훔칠 절 | 蝶 나비 접 | 訂 바로잡을 정 |

| | | |
|---|---|---|
| 堤 둑 제 | 燥 마를 조 | 弔 조상할 조 |
| 拙 졸할 졸 | 佐 도울 좌 | 舟 배 주 |
| 遵 좇을 준 | 俊 준걸 준 | 贈 줄 증 |
| 只 다만 지 | 遲 더딜 지 | 姪 조카 질 |
| 懲 징계할 징 | 且 또 차 | 捉 잡을 착 |
| 慙 부끄러울 참 | 慘 참혹할 참 | 暢 화창할 창 |
| 斥 물리칠 척 | 薦 천거할 천 | 添 더할 첨 |
| 尖 뾰족할 첨 | 妾 첩 첩 | 晴 갤 청 |
| 替 바꿀 체 | 遞 갈릴 체 | 逮 잡을 체 |
| 抄 뽑을 초 | 秒 분초 초 | 燭 촛불 촉 |
| 聰 귀밝을 총 | 抽 뽑을 추 | 醜 추할 추 |
| 丑 소 축 | 逐 쫓을 축 | 臭 냄새 취 |
| 枕 베개 침 | 墮 떨어질 타 | 妥 온당할 타 |
| 托 맡길 탁 | 濯 씻을 탁 | 濁 흐릴 탁 |
| 誕 낳을 탄 | 貪 탐낼 탐 | 怠 게으를 태 |
| 罷 마칠 파 | 播 뿌릴 파 | 頗 자못 파 |
| 把 잡을 파 | 販 팔 판 | 貝 조개 패 |
| 遍 두루 편 | 蔽 덮을 폐 | 幣 화폐 폐 |
| 飽 배부를 포 | 抱 안을 포 | 捕 잡을 포 |
| 幅 폭 폭 | 漂 떠다닐 표 | 匹 짝 필 |
| 旱 가물 한 | 咸 다 함 | 巷 거리 항 |
| 該 갖출 해 | 亥 돼지 해 | 奚 어찌 해 |
| 享 누릴 향 | 軒 집 헌 | 縣 고을 현 |
| 絃 줄 현 | 嫌 싫어할 혐 | 螢 반딧불 형 |
| 亨 형통할 형 | 兮 어조사 혜 | 互 서로 호 |
| 乎 어조사 호 | 毫 터럭 호 | 昏 어두울 혼 |

鴻 기러기 홍   弘 클 홍      禾 벼 화
穫 거둘 확    擴 넓힐 확    丸 둥글 환
曉 새벽 효    侯 제후 후    毁 헐 훼
輝 빛날 휘    携 이끌 휴

이화여자대학교 생활 한자와 교양 한문 편찬위원
최재남 · 김동준 · 이은영 · 김현미 · 배주연

## 생활 한자와 교양 한문

**펴낸날** 초판 1쇄 2008년 8월 29일
　　　　개정 1판 1쇄 2013년 8월 29일
　　　　3쇄 2021년 1월 20일
**지은이** 이화여자대학교 생활 한자와 교양 한문 편찬위원회
**펴낸이** 이승아
**펴낸곳** 이화여자대학교출판문화원
**주소** 서울특별시 서대문구 이화여대길 52(우 03760)
**등록** 1954년 7월 6일 제9-61호
**전화** 02) 362-2966(편집), 02) 362-6076(마케팅)
**팩스** 02) 312-4312
**전자우편** press@ewha.ac.kr
**홈페이지** www.ewhapress.com
**책임편집** 이정원
**디자인** 정혜진
**찍은곳** (주)현문자현

ⓒ 이화여자대학교 생활 한자와 교양 한문 편찬위원회, 2013
ISBN 978-89-7300-987-9 93720

값 15,000원

* 잘못된 책은 구입처에서 바꾸어 드립니다.

이 도서의 국립중앙도서관 출판시도서목록(CIP)은 서지정보유통지원시스템 홈페이지 (http://seoji.nl.go.kr)와 국가자료공동목록시스템(http://www.nl.go.kr/kolisnet)에서 이용하실 수 있습니다. (CIP제어번호 : CIP2013014899)